KB236567

결국 ─────── 해내는 사람들의 비밀

이지출판

나는 왜 성공학을 공부하는가?

나에게 성공학은 곧 인생 공부다.

세월이 흐르고 상황이 바뀌면 성공의 기준과 정의 또한 달라진다. 나이와 가치관, 그리고 삶의 철학이 변하면서 인생의 성공과 실패는 그만큼 더 다채롭고 복합적인 모습으로 다가온다. 그래서 나는 믿는다. 인생은 결코 단순하지 않으며, 그 연구에는 끝이 없다는 것을.

또한 인간의 욕심과 어리석음은 배움의 유무나 학위의 높낮이와는 전혀 무관하다. 누구에게나 성공과 행복은 한순간에 실패와 불행으로 바뀔 수 있다. 그렇다면 그런 변화를 일으키는 진짜 원인은 무엇일까? 나는 왜 성공학을 공부하게 되었을까?

그 답은 내 개인적인 경험에서 비롯되었다.

나는 인생의 성공에 대해 깊이 생각해 본 적이 없었다. 돈을 잘 벌고, 직장이 안정되면 행복과 성공은 자연스럽게 따라올 것이라 착각했다. '성공'이라는 단어는 내게 그저 각자가 알아서 만들어 가는 막연한 그림 정도였다.

하지만 안정된 직장과 보수에도 불구하고, 삶의 만족도나 가정의 행복은 달라지지 않았다. 내 안의 분노, 짜증, 불평 같은 감정은 여전히 나를 괴롭혔다.

게다가 저널리즘을 전공한 나는 매일 미디어를 통해 타인의 성공과 실패를 마주했다. 타인의 행복과 불행이 만들어지는 원인을 분석하다 보니, 자연스럽게 인간의 성공과 실패라는 주제를 연구하기 시작했다.

그러던 중, 나의 학생들이 내게 또 하나의 계기를 주었다.

지방 대학 교수로서 나는 대학생들의 이른 포기와 좌절, 방황을 자주 목격했다. 이제 막 인생의 본격적인 무대에 오를 시기인데도, '인서울 실패', '스카이 대학 실패'라는 굴레를 스스로 씌우고 좌절하는 모습을 보는 건 참으로 안타깝고 괴로운 일이었다.

그때 나는 결심했다.

2009년, 국내 대학 최초로 인제대학교에서 교양과목 '내 인생의 성공학'을 개설했다. 이 강좌에는 고 백낙환 박사의 '동기 부여 과목' 개설에 대한 열망도 함께 담겨 있었다.

"어떻게 하면 각자 인생의 주인공으로 자신의 인생을 기획하고 실행할 수 있을까?"

"성공과 실패의 진정한 의미는 무엇인가?"

"지방대 출신도 충분히 성공할 수 있는 길은 어디에 있는가?"

"스카이 대학 출신자들조차 실패하는 이유는 무엇인가?"

이런 질문들을 중심으로 실증적 자료와 생생한 사례를 PPT로 정리해 강의를 시작했다. 예상과 달리 학생들의 반응은 뜨거웠다.

그때의 감동은 내 삶의 방향을 바꾸었다.

나는 더 깊이 공부하고, 연구하고, 무엇보다 스스로의 삶에서 실험해 보기로 했다. 그 과정에서 나는 조금씩 변해 갔다. 교육의 힘을 체험했고, '공부하는 삶'이 주는 행복을 느꼈다.

성공학은 이제 내게 책상머리의 지식이 아니라 생활의 지혜가 되었다. 사람들이 더 나은 판단과 선택을 할 수 있도록 돕는 실용 학문으로 발전시키고 싶은 열망이 나를 지금도 계속 공부하게 만든다. 그것이 내게 큰 만족과 행복을 주기 때문이다.

성공도, 행복도, 인생도 모두 모양은 다르지만 그 본질은 크게 다르지 않다. 각자의 성공을 구체적으로 설계하고 실천해 나가는 훈련이 필요하다. 나는 성공을 말하는 사람은 많이 봤지만, 정작 실천하는 사람은 많지 않다는 것을 배웠다.

이 책이 누군가에게 작은 도움이 되기를 진심으로 바란다.

특히 서울디지털대학교 학생들이 이 교재를 통해 '본전 이상'을 얻길 희망한다.

이 책의 집필 과정에서 나는 AI의 도움도 받았다.

ChatGPT, Gemini, 클로버X 등을 활용하고, 구글 검색을 통해 교차 검증했다. 통계나 인용, 연도 확인에는 AI의 힘을 빌렸지만, 최종 판단과 검토는 모두 나의 책임으로 이루어졌다. 혹시 오류가 있다면, 그 책임은 전적으로 내게 있다.

또한 늘 공부하며 출판을 연구하는 이지출판 서용순 사장님의 격려가 큰 힘이 되었다. 존경하는 서 사장님을 만나 출간의 고민 없이 몰입할 수 있었던 것은 나에게 큰 행운이자 행복이었다.

끝으로, 나의 유튜브 채널 '김창룡의 창' 구독자 여러분께도 진심으로 감사드린다. 여러분의 관심과 응원이 나의 새로운 도전을 가능하게 했다.

이 책이 여러분의 하나뿐인 인생을 더 깊이 즐기고, 더 의미 있게 가꾸는 데 작은 불씨가 되길 진심으로 바란다.

2026년 봄

김창룡 교수

■ 차례

제1장
인생 성공의 정의

나는 왜 인생 성공의 정의를 하는가?

인생은 각자의 주관적 삶에 따라 살기에 정답도 없고 정의도 내릴 수 없다고 한다. 그런데 인생을 살면서 나는 괜찮은 직업도 갖고 돈도 적당히 벌면 인생의 성공과 행복은 자연스레 따라오는 것으로 착각했다. 그러나 그것으로 충족되지 않는, 설명되지 않는 삶의 다양한 모습을 보면서 고민이 커졌다.

그래서 소위 인생 성공을 이룬 사람들을 보면서 그 공통점을 찾아보기 시작했다. 동서양과 현대 사회에서 어떤 기준을 제시하더라도 성공한 삶이라고 평가할 수 있는 기준을 내 방식으로 정리했다. 나는 이렇게 8 가지 기준을 만들어 이를 목표로 노력하는 가운데 많은 성과와 발전을 경험했다. 나는 이를 소개하고 각자 인생의 삶에 '자신의 성공 정의'를 만들어 노력하면 훨씬 효과적으로 또 실질적으로 성공의 길을 갈 수 있다고 믿게 되었다.

나의 시행착오와 실수, 좌절의 경험은 이런 나만의 성공 정의를 만들고 그에 맞춰 노력하는 삶을 만드는 데 큰 도움이 되었다고 믿는다. 자식이든 후배든 혹은 동료든 인생 성공이 무어냐고 묻는다면 뭐라고 답할 것인가?

1. 성공이란 무엇인가?

우리는 어릴 때부터 "성공해야 한다"는 말을 수없이 들어왔다. 하지만 정작 "성공이 무엇인가?"라는 질문을 던졌을 때 명확하게 대답할 수 있는 사람은 많지 않다. 대부분 막연하게 답변하거나 생각해 보지 않았다는 식이었다.

어떤 이는 성공을 좋은 대학 진학이라 말하고, 또 다른 이는 돈과 명예를 떠올린다. 누군가는 좋은 가정을 꾸리는 것을, 또 다른 누군가는 세상에 의미 있는 흔적을 남기는 것을 성공이라 정의한다.

여기서 중요한 것은, 성공은 절대적인 기준이 아니라, 개인이 스스로 정한 목적과 가치에 따라 달라진다는 점이다. 그래서 나의 기준이 타인의 기준과 같을 수 없다는 것이다. 각자의 철학과 가치관을 존중하면서도 반드시 공통점이 있음을 간과해서는 안 된다.

사례 1 : 유명 기업가의 고백

세계적 기업을 일군 한 창업가는 언론 인터뷰에서 이렇게 말했다.

"많은 사람이 저를 성공했다고 합니다. 하지만 사업 확장에 몰두하던 시절, 가족과의 관계는 무너지고 건강도 잃어버렸습니다. 저는 그때의 제 삶을 결코 성공이라 부를 수 없습니다."

이 사례는 우리에게 중요한 교훈을 던져 준다. 남들이 '성공했다'고 말해도, 내가 행복하지 않다면 그것은 불완전한 성공이다. 어떤 기준을 제시하느냐에 따라 평가도 달라진다.

사례 2 : 어느 총장 출신 교수의 후회

그는 한 대학에서 오래 교수를 하다가 어렵게 총장직에 올랐다. 명예와 직위도 얻었지만 그의 논문이 문제가 됐다. 한 논문을 제목만 바꿔서 여기저기 게재하고 연구비까지 받아내는 비윤리적인 일이 드러나 사퇴 압박에 시달렸다.

총장의 사과도 통하지 않고 사퇴하는 과정에서 우울증에 시달렸다. 인생의 참담함과 위기를 겪게 되자 그의 건강이 급격히 나빠졌다. 결국 병원에 입원하는 신세가 되더니 불과 몇 개월 만에 극단적 선택으로 삶을 마감했다. 총장이란 자리가 자신의 과오를 공개하게 만들었고, 그것이 그의 명을 단축시킨 것이다. 그에게 성공은 무엇인가?

사례 3 : 어느 변호사의 구속

그는 고교 시절 전교 1등만 했다. 예상대로 S내 법대에 진학했고, 대학 3학년 때 판사가 됐다. 그러나 1년 만에 비리로 옷을 벗었다. 전관 변호사로 그 지역의 형사사건을 거의 독식하다가 결국 제보로 수사 끝에 구속됐다. 실패 없던 그의 삶은 한순간에 무너지며 주변의 부러운 시선이 부정적으로 바뀌었다.

인생의 기준과 시기에 따라 성공과 실패의 기준이 달라진다. 주변에 이런 유사 사례는 너무나 많다. 실패에는 실패의 이유가 있듯 성공에도 성공 이유가 있는 법이다. 인생의 성공 정의를 내리기 전에 성공에 대해 좀 더 알아 보자.

2. 외적 성공 vs 내적 성공

성공은 일반적으로 크게 외적 성공과 내적 성공으로 나눌 수 있다. 외적 성공은 눈에 보이는 성과, 부, 명예, 직위, 사회적 인정 등을 의미하며, 내적 성공은 행복감, 성취감, 자기만족, 삶의 의미, 관계의 질 등 무형적인 상태를 포함한다.

오늘날 많은 사람들이 외적 성공에만 집중하다가 공허함을 느낀다고 한다. 반대로 내적 성공만 추구하다 보면 현실적인 성과 부족으로 삶의 기반이 흔들릴 수도 있다.

결국 진정한 성공은 외적 성과와 내적 충만의 균형에서 완성된다고 본다. 이는 각자의 가치관, 주관, 인생 철학에 따라 다르기 때문에 일률적으로 정의하기 어렵다.

사례 1 : 두 사람의 인생을 간략히 비교해 보자

A씨는 대기업 임원으로 연봉 수억 원을 벌지만, 가족과 단절되고 만성 스트레스에 시달린다.

B씨는 소득은 많지 않지만, 좋아하는 일을 하면서 가족과 시간을 보내고 매일 삶의 만족을 느낀다.

사례 2 : 이런 인생은 어떤가

한 종교인은 가진 것은 없지만 유명강사로 전국을 다니며 바쁘게 살고 있다. 식사도 초라하고 집도 없지만 많은 사람의 존중과 인정을 받는다.

또 한 종교인은 화려한 성전을 짓고 고급 외제차를 타고 다닌다. 그는 세속적으로 성공한 모습의 인생을 살아가고 있다.

과연 누가 더 성공적일까?

질문 자체가 어리석을 수 있다. 맞다, 정답은 없다. 각자의 판단은 존중돼야 한다. 그래서 '내 인생의 성공학'에서도 각자 자신의 인생 성공학을 만들면 된다. 나는 그 다양한 사례 중 하나를 제시하는 것뿐이다. 한 가지 분명한 사실은, '성공은 남의 잣대가 아니라 자신의 가치 기준으로 정의해야 한다는 것이다.

3. 각자 나만의 성공 정의 찾기

이제 이런저런 사례와 함께 성공의 정의에 다가간다. 성공이란 개념이 막연한 듯하지만 따지고 보면 반드시 그렇지도 않다. 성공을 자기 것으로 만들려면, 먼저 질문부터 해야 한다.

"나는 왜 성공하고 싶은가?"
"나는 성공을 통해 무엇을 얻고 싶은가?"
"나에게 성공은 어떤 모습인가?"

"내가 정의하는 성공은 무엇이어야 하는가?"

이 질문에 하나씩 답하다 보면, 성공이 단순히 돈이나 지위가 아님을 깨닫게 된다. 누군가는 "내 가족이 행복하며 아이가 건강하게 자라는 것"을 성공이라 말할 수 있고, 또 다른 누군가는 "좋아하는 일을 하며 사회에 기여하는 것"을 성공이라 정의할 수 있다. 그만큼 성공의 정의를 일률적으로 내리기 어렵다는 것이다.

그러나 우리가 공통으로 추구하는 성공에는 일정 부분 동의하는 지점이 있다는 것도 확인했다. 나 역시 성공의 정의를 고민하며 사회적으로 성공했거나 실패한 사람들의 공통 요소를 정리해 보았다. 이를 토대로 나만의 성공 정의를 만들어 참고용으로 공개하니, 각자 자신만의 성공 정의를 만들고 이를 목표로 노력하면 좋겠다. 뜻이 있는 곳에 길이 있고, 목표가 있어야 수단이 보이는 법이다.

4. 내가 찾은 성공 정의 8가지

나는 내 주관적 판단으로 성공한 사람들의 공통점을 정리했다. 미디어를 통해 자주 접하는 정치인, 예술인, 스포츠 영웅, 기업가, 연예인 등 다양한 삶에서 성공과 실패를 오가며 자신의 인생을 만들어 가는 사례를 통해 8가지 공통점을 확인했다.

나는 이를 '나만의 성공 정의'로 정리했다. 성공은 주관적이며 인생에 정답은 없다고 하지만 적어도 지켜야 할 원칙, 따라야 할 공통 수칙은 존재한다. 각자 필요한 것과 불필요한 것을 본인의 기준으로 재정리하면 된다.

외우기 쉽게 4H, RPM,G로 정의했다. 이를 내 삶의 지향점으로 만들어 실천하려 오늘도 노력하고 있다.

1H, hopeful　어떤 상황에서도 희망이 있어야 한다. 성공은 절망 속에서도 희망의 끈을 놓지 않는 것이나.

The best and most beautiful things in the world cannot be seen or even touched — they must be felt with the heart." (세상에서 가장 아름답고 소중한 것들은 눈으로 보거나 손으로 만질 수 없고, 오직 마음으로만 느껴야 한다.)
헬렌 켈러의 말로, 희망은 눈에 보이지 않지만 마음속 깊이 느낄 수 있는 소중한 감정이라는 것이다.

2H, healthy　정신과 신체가 건강해야 한다. 어느 쪽이든 병든 상태거나 자기관리가 안 되면 성공을 논하기 어렵다. 언젠가 죽게 되겠지만 그전까지는 철저하게 자기관리를 해야 한다.

"돈을 잃은 것은 조금 잃는 것이요, 명예를 잃은 것은 많이 잃는 것이며, 건강을 잃은 것은 전부를 잃는 것이다." -탈무드

3H, heartful 마음이 따뜻하고, 진정성이 있어야 한다. 사회적 약자에 대한 배려, 기부 등을 할 수 있을 때 인생 성공을 말할 수 있다.

"Treat others as you would like to be treated."
(남에게 대접받고 싶은 대로 남을 대접하라.)
황금률이라고도 불리는 격언으로, 타인을 존중하고 배려하는 것이 중요함을 강조하고 있다.

4H, happy 행복은 성공의 필요충분조건이다. 무엇을 하든 행복하지 않으면 성공이라고 할 수 없다. 성공한 사람들의 공통점은 바로 자신의 일에서 순간순간 행복을 누린다는 것이다.

"The purpose of our lives is to be happy."
(우리 삶의 목적은 행복해지는 것이다.)

5R, Relationship 관계의 중요성이다. 인간은 사회적 동물이기 때문에 혼자 살 수 없다. 가정에서나 직장에서 사회에서 고립되면 성공과 멀어진다. 인성교육의 중요성을 이야기하는 것도 바로 사회관계성 증진을 위해 반드시 필요하기 때문이다. 개인과의 관계, 직장이나 사회와의 관계를 조화롭게 잘해 내는 사람들이 성공할 확률이 높다.

> "득인자흥 실인자망(得人者興 失人者亡)"
> 사람을 얻는 자는 흥하고, 사람을 잃는 자는 망한다는 뜻으로, 인맥의 중요성을 강조하는 격언이다.

6P, Profession 일반 직업인 job보다 profession은 보다 전문직이다. 어떤 분야 무슨 직업이든 일단 선택했다면 보다 전문가가 되라는 것이다. 내가 직업을 선택하지만 그 직업은 나를 만들고 평생 나의 운명을 좌우하게 되기 때문이다. 세월이 흘러 보면 P의 중요성을 실감하게 된다.

> "Choose a job you love, and you will never have to work a day in your life." (공자가 말했다. 좋아하는 일을 선택하면 평생 하루도 일하지 않아도 될 것이다.)

자신이 좋아하는 일을 하는 것이 직업 만족도를 높이고 성공으로 이어지는 가장 좋은 방법임을 강조하고 있다.

7M, Money 돈은 우리가 생각하는 만큼 중요하다. 인간의 걱정 80%는 돈 문제라는 말이 과장은 아니다. 특히 자본주의 사회에서 돈은 자유와 권력 힘을 준다. 물론 돈이 모든 것을 해결해 주는 것은 아니며, 돈이 무조건 많아야 한다는 것도 아니다. 돈이 많을수록 좋다는 말에도 동의하지 않는다. 나는 돈이 내가 필요한 만큼에 조금 더 여유가 있으면 충분하다고 믿는다. 그 필요성은 각자에 따라 다르다. 나는 과거에 돈이 없어 비참한 생활을 하면서 뼈저리게 느낀 게 있다. 학생 때 가난은 죄가 아니지만 40대 이후 가난은 죄악이라고. 그래서 누가 뭐래도 나는 이를 악물고 절약, 저축하려고 노력했다. 60대 이후는 절대로 돈걱정하지 않고 살겠다고.

"돈은 날개다. 가난은 족쇄다." – 돈은 자유와 가능성을 상징하고, 가난은 속박과 제약을 상징한다는 의미다.

8G, Gratitude 감사하라. 되돌아보면 인생의 고비에 기적 같은 일이 있었다. 그럴 때마다 감사하지 않을 수 없었고, 시련은

그를 통해 성공의 가치를 확인시켜 주었으며, 그로 인해 내면의 성장을 얻는 값진 기회였다. 주변의 크고 작은 도움 없이 나는 성장할 수 없었다. 그런 감사함을 표현하는 것은 더 많은 기쁨을 주고 주변을 따뜻하게 한다고 생각한다. 나이 들수록 더 감사하고, 그 감사에 보답하려 노력하면 행복해진다고 믿는다.

"Happiness is not about getting all you want, but appreciating all you have." (행복은 당신이 원하는 모든 것을 얻는 것이 아니라, 당신이 가진 모든 것에 감사하는 것이다.)

실습 과제 : 나만의 성공 정의 구체적으로 정리하기

−외적 성공

−내적 성공

성공 정의를 내 주변 삶에 적용한 사례들

(유튜브 '김창룡의 창'을 통해 더 많은 사례를 만날 수 있다.)

성장한 자녀와 좋은 관계
유지 비결 7

1. 원치않는 조언, 안함
2. 늘 배우는 열린 자세
3. 칭찬, 긍정의 태도 유지
4. 상호 독립, 자립 존중
5. 기대치를 확 낮춤
6. 키울 때 좋았고 지금도,
   감사의 마음 유지
7. 여행, 니돈도 내가

기쁨은 함께, 슬픔은 따로

@김창룡창
다가오는 추석, 성장한 자녀와 잘내기 명심사항 7 가지 #자녀교육 #좋은 관
계 #절제와 배려

자존감 떨어지는 사람들 특징 5

1. 자기의견이 없거나 말하지
   않는다.
2. 불편해도 자기표현을 잘 하
   지않는다.
3. 겸손을 너머 자기비하표현을
   자주 한다.
4. 타인의 눈치를 매번 살핀다.
5. 늘 남과 비교한다.

함께 살면 고달파진다.

책은   REC ●

젊은이에게는 음식,

노인에게는 오락,

부자에게는 자식,

고통스러울 때는 친구,

길 잃은 사람에게는 나침반,

궁금한 사람에게는 스승,

평범한 사람에게는 무기,

그런 멋진 무기 갖고계신가요?

당신에게 책은 무엇인가
요?

역경 극복하면 얻는   REC ●
선물세트

1. 자신감
2. 자존감
3. 공감과 배려
4. 회복탄력성
5. 문제 해결 능력
6. 인내심과 끈기
7. 성취감
8. 감사하는 마음
9. 삶에 대한 통찰력

5. 유명인사와 동양 철학자들의 인생 성공에 대한 정의

• 윈스턴 처칠

"성공이란 최종적인 것이 아니며, 실패도 치명적인 것이 아니다. 중요한 것은 계속해 나가는 용기다."

• 알버트 아인슈타인

"성공을 추구하지 말고 가치 있는 사람이 되도록 노력하라."

• 헬렌 켈러

"삶은 대담한 모험이거나 아니면 아무것도 아니다."

• 스티브 잡스

"당신의 시간은 한정되어 있다. 그러니 다른 사람의 삶을 사느라 낭비하지 마라."

• 마하트마 간디

"자신을 발견하는 가장 좋은 방법은 자신을 타인의 봉사에 바치는 것이다."

• 에이브러햄 링컨

"나는 성공이란 내가 가진 것과 내가 이루려는 것을 비교하는

것이 아니라, 내가 출발한 곳에서 얼마나 성장했는가에 달
려 있다고 생각한다.”

- **오프라 윈프리**

“가장 큰 모험은 당신이 꿈꾸는 삶을 사는 것이다.”

- **달라이 라마**

“행복은 준비된 것이 아니다. 그것은 당신 자신의 행동에서
비롯된다.”

- **벤자민 프랭클린**

“잘 사는 비결은 돈을 많이 버는 것이 아니라, 시간을 현명
하게 쓰는 것이다.”

- **랠프 월도 에머슨**

“성공이란 자주 웃고, 다른 이들의 존경을 받고, 아이들의
사랑을 얻는 것이다.”

- **공자(孔子, 기원전 551~479)**

공자는 인생의 목적을 인의예지(仁義禮智)를 실천하며 도
(道)에 따르는 삶에서 찾았다.

“군자는 의(義)를 생각하고, 소인은 이익(利)을 생각한다.”

(論語, 里仁)

→ 진정한 성공은 이익이 아니라 도덕적 삶에 있다.

"배우고 때때로 익히면 즐겁지 아니한가."(論語, 學而)

→ 평생 학문과 수양을 실천하는 삶이 곧 성공이다.

공자가 말하는 이상적 인간상은 '군자(君子)'인데, 이는 부귀영화와는 무관하며 덕과 예를 실천하는 삶을 사는 것이다.

• **맹자(孟子, 기원전 372~289)**

맹자는 인간의 본성을 선하다고 보고, 이를 기르는 것이 참된 성공이라고 했다.

"호연지기(浩然之氣)를 기르는 것이 가장 큰 즐거움이다."
(孟子, 公孫丑)

→ 인격적·도덕적 기상을 기르는 것이 성공의 기준이다.

"백성을 근본으로 삼고, 군주는 하늘을 섬기는 자일 뿐이다."

→ 개인의 성공은 사회적 책임과 연결되며, 백성을 이롭게 하는 삶이 가치 있는 삶이다.

• **노자(老子)**

"자족(知足)하는 자는 부유하다."(道德經)

성공은 외적 성취보다 자연과 조화를 이루며 만족을 아는 것이다.

- **장자(莊子)**

  "진정한 자유는 세속적 가치에서 벗어나는 것이다."
  성공은 권력이나 부가 아니라, 내 마음이 자유로운 상태다.

- **순자(荀子)**

  "성(性)은 악(惡)하다. 그러나 교화와 학문으로 선해진다."
  성공이란 교육과 수양으로 악한 본성을 다스리고 예를 지키는 것이다.

이 명언들을 종합하면, 성공은 단순히 부와 명예의 축적이 아니라 가치 있는 삶, 성장, 타인에게 주는 영향, 자기 자신에 충실함과 깊이 관련이 있음을 알 수 있다. 또한 표현은 달라도 4H RPMG와도 일맥상통함을 볼 수 있다.

6. 인생 실패에 대한 명언 10선

인생에서 실패나 좌절은 누구든 만나게 된다. 이때 이를 어떻게 대하고 헤쳐나가는지 혹은 굴복하거나 회피하거나에 따라 인생의 결과가 바뀐다. 평범한 사람들의 인생 지혜가 여기서 차이가 난다. 수많은 실패 뒤에 성취를 이룬 이들의 명언은 깊은 교훈을 준다. 원문을 인용한 것은 번역보다 더 강렬한 또 다른 맞을 느낄 수 있어 함께 정리한다.

• 토머스 에디슨

"나는 실패한 적이 없다. 단지 작동하지 않는 1만 가지 방법을 찾아낸 것뿐이다."("I have not failed. I've just found 10,000 ways that won't work.")

−실패를 인정하지 않고 그의 단어 사전에 실패란 단어를 아예 없애 버렸다.

• 헨리 포드

"실패는 다시 시작할 수 있는 기회일 뿐이며, 이번에는 더 현명하게 할 수 있다."("Failure is simply the opportunity to begin again, this time more intelligently.")

−실패를 더 현명하게 도전할 수 있는 새로운 기회로 봤다.

• 윈스턴 처칠

"성공은 열정을 잃지 않고 실패에서 실패로 걸어가는 것이다."("Success is stumbling from failure to failure with no loss of enthusiasm.")

−거듭된 실패에도 열정을 잃지 않고 계속 나아가는 것, 그것이 성공으로 가는 길이라는 확신이다.

• 마이클 조던

"나는 인생에서 수없이 실패했고, 그래서 결국 성공할 수 있었다."(I've failed over and over and over again in my life. And that is why I succeed.")

－조던은 수많은 실패가 결국 성공을 가져왔다며 그 실패의 가치를 높이 평가했다.

• J. K. 롤링

"삶에서 실패하지 않고 살아가는 것은 불가능하다. 그렇다면 실패를 받아들이고 그로부터 배우는 것이 더 낫다."

("It is impossible to live without failing at something, unless you live so cautiously that you might as well not have lived at all — in which case, you fail by default.")

－롤링은 우리 삶에 실패는 불가피하다고 인정했다. 그 실패에서 좌절하지 말고 배우는 게 현명하다고 조언한다.

• 넬슨 만델라

"나는 결코 지지 않는다. 나는 이기거나 배우거나 둘 중 하나다."("I never lose. I either win or learn.")

－만델라의 멋진 표현, 실패 대신에 배우는 기회로 받아들였다.

- **알버트 아인슈타인**

"실패하지 않았다면, 충분히 도전하지 않은 것이다."
("A person who never made a mistake never tried anything new.")
−아인슈타인은 실수, 실패는 도전자의 숙명으로 받아들였다.

- **스티브 잡스**

"때때로 인생은 당신의 머리를 벽돌로 친다. 그러나 믿음을 잃지 마라."("Sometimes life hits you in the head with a brick. Don't lose faith.")
−잡스는 인생이 골때려도 신념을 잃지 말고 나아가라고 조언한다.

- **프리드리히 니체**

"넘어지지 않는 자는 강해질 수 없다."("That which does not kill us makes us stronger.")
−니체는 나를 아예 제거할 정도의 것이 아니라면 더욱 강하게 만든다고 믿었다.

- **조지 버나드 쇼**

"실패는 성공의 어머니라는 말은 틀렸다. 더 정확히 말하면, 실패는 성공의 훈련 교관이다."("It is a mistake to say that failure is the mother of success. To be more precise, failure is the drill sergeant of success. A life spent making mistakes is not only more honorable, but more useful than a life spent doing nothing.")

−쇼는 실패는 명예로운 것일 뿐만 아니라 매우 유용한 것
  이라고 긍정적으로 평가했다.

7. 인생 성공을 위해 평생 절제해야 할 5가지

1) Mouth(입, 말)

말과 음식(식습관)은 반드시 절제해야 한다.

2) Mind(마음, 생각)

뜬금없는 부정적 사고와 감정을 다스려야 한다.

3) Money(돈, 재정)

돈에 대한 과도한 욕심이나 소비를 관리해야 한다.

4) Mood(기분, 감정)

기분이 좋을 때도 나쁠 때도 감정의 기복을 조절해야 한다.

5) Moment(시간, 현재의 순간)

짜투리 시간을 허투루 쓰지 않고 잘 관리해야 한다.

프로는 바로 이런 것들로 자신과 싸우고 아마추어는 타인과 비교한다. 프로는 어제의 자신과 오늘의 자신을 비교하면서 작은 진전에 더욱 집중한다. 루저들은 끊임없이 타인과 자신을 비교하며 한탄하고 불평한다. 인생 성공도 가질 만한 자격이 있는 사람에게 찾아오는 법이다. 벼락출세는 언젠가 반드시 무너지는 법이다. 자신에 집중하고 자신의 발전을 위해 통제해야 할 것은 철저하게 반드시 그렇게 하라. 그 결과는 인생 후반부에 더욱 극명하게 나타날 것이다.

제2장
성공 타입과 실패 타입

1. 왜 성공·실패의 패턴을 알아야 하는가?

많은 사람들은 "성공은 운이 따라야 한다"고 말한다. 물론 운을 전혀 무시할 수는 없다. 하지만 장기적으로 보면 성공하는 사람에게는 일정한 패턴이 있고, 실패를 반복하는 사람에게도 나름의 습관적 패턴이 존재한다.

그래서 자기 자신이 어떤 타입에 속하는지 먼저 파악해야 한다. 그래야 올바른 전략을 세울 수 있다.

2. 성공하는 사람들의 대표적 타입

1) 비전형(Vision Type)

뚜렷한 목표와 비전을 가지고 장기적으로 계획하는 사람.

이들은 큰 그림을 먼저 그리고, 세부 단계를 만들어 간다

예를 들어 스티브 잡스는 "세상을 바꾸는 도구를 만들겠다"는 비전으로 애플을 이끌었다.

강점 : 방향이 분명하므로 흔들림이 적다.

약점 : 유연성이 부족하면 현실 변화에 적응하지 못할 수 있다.

2) 실행형(Action Type)

생각보다 행동을 우선하는 사람들의 전형적인 스타일.

"일단 시작해 보자"는 태도로 기회를 잡는다.

예를 들어 리처드 브랜슨은 사업 아이디어를 곧바로 실행해 수많은 회사를 만든 기업가, 모험가로도 불린다.

강점 : 속도가 빠르고 기회 포착 능력이 뛰어나다.

약점 : 계획 부족으로 실패 경험이 많을 수 있다. 시행착오를 수정하고 보완할 탄력성, 회복성이 필요하다.

3) 관계형(Network Type)

인간관계와 협력을 통해 성과를 내는 사람.

사람을 연결시키고, 협력에서 힘을 얻는다.

예를 들어 오프라 윈프리는 네트워크와 신뢰를 기반으로 영향력을 확장하여 자신의 기반을 확고히 한다.

강점 : 협력자와 기회를 끌어들이는 힘이 강하다.

약점 : 관계에 지나치게 의존할 경우 독립적 추진력이 약해질

수 있다.

4) 전문가형(Expert Type)

특정 분야에서 전문성을 갈고닦아 성공하는 사람.

깊이 있는 지식과 기술로 신뢰를 얻는다.

세계적인 의사, 과학자, 예술가들의 강점 : 대체 불가능한 경쟁력을 갖는다는 점이다.

약점 : 지나치게 전문 분야에 갇히면 사회 변화와 인간관계에 약하다.

3. 실패하는 사람들의 대표적 타입

1) 변명형(Excuse Type)

결과에 대해 항상 외부 탓을 한다. "환경이 나빠서", "운이 없어서", "시간이 없어서"라는 말이 입에 달려 있다. 문제는 외부가 아니라 자기 안의 태도임을 모른다.

2) 완벽주의형(Perfectionist Type)

준비가 완벽하지 않으면 시작하지 못한다. 모든 준비가 완벽하다고 스스로 판단할 때까지 기다리는 신중파들이 많다. 기회를 잡기 전에 시간이 지나버린다. '완벽한 시작'을 기다리다가 결국 아무것도 하지 못한다.

3) 단기쾌락형(Short-term Type)

눈앞의 편안함, 유혹, 재미, 이익만을 추구한다.

장기적인 성취를 위해 필요한 인내와 노력이 부족하다.

장기 목표가 없는 삶은 결국 의미 없는 반복으로 끝난다.

4) 방황형(Drifting Type)

뚜렷한 목표 없이 그때그때 상황에 떠밀려 간다.

남늘이 하니까 따라가고, 유행을 좇는나.

결국 자신의 길을 가지 못하고 후회하게 된다.

4. 자기 점검 : 나는 어떤 타입인가?

아래 질문에 스스로 답해 보라.

나는 장기적 목표가 분명한가? (비전형)

나는 행동이 빠른 편인가? (실행형)

나는 사람들과의 관계를 통해 기회를 얻는가? (관계형)

나는 전문성을 바탕으로 신뢰를 얻는가? (전문가형)

나는 자주 변명을 하는가? (변명형)

나는 준비만 하다가 기회를 놓친 적이 많은가? (완벽주의형)

나는 눈앞의 편안함 때문에 장기 목표를 미룬 적이 많은가?

(단기쾌락형)

나는 목표 없이 그냥 흘러가는 대로 살아온 건 아닌가? (방황형)

이 질문에 솔직히 답하면, 당신의 성공과 실패의 패턴이 드러날 것이다.

5. 실습 과제 : 성공 패턴 강화, 실패 패턴 교정

내 성공 타입을 1~2개 고른다.

예 : "나는 실행형과 관계형이다."

그 강점을 더욱 살릴 방법을 적는다.

내 실패 타입을 1~2개 고른다.

예 : "나는 변명형과 완벽주의형 성향이 있다."

그것을 교정하기 위한 작은 습관을 설계한다.

예 : "하루를 마무리할 때 변명을 적지 않고, 오늘 내가 책임질 수 있는 행동만 기록한다."

1개월간 실행 후, 변화된 결과를 점검한다.

6. 성공과 실패 타입을 구분하는 10가지 요소

성공과 실패는 우연이 아니라 반복되는 습관적 패턴에서 나온다. 성공하는 사람은 각자 다른 방식(비전, 실행, 관계, 전문성)으로 강점을 살리고, 실패하는 사람은 변명, 완벽주의, 단기 쾌락, 방황이라는 공통된 함정에 빠진다.

자기 패턴을 파악한 다음 성공 패턴을 강화하고 실패 패턴을 줄이는 것이 중요하다.

1) 목표의 명확성

성공하는 사람은 구체적이고 측정 가능한 목표를 설정하고, 실패하는 사람은 모호한 목표나 단순한 바람 수준에 머문다.

2) 실행력

아이디어만 있는 것과 실제로 행동으로 옮기는 것은 큰 차이가 있다. 꾸준한 실행이 성공을 만들며, 실행력이 지속되려면 확실한 동기 부여가 중요하다.

3) 습관

작은 좋은 습관이 쌓이면 성공으로, 나쁜 습관이나 무계획은 실패로 이어진다. '성공하는 7가지 습관' 등이 바로 성공과 직결되기 때문이다.

4) 자기관리(시간 · 건강)

성공은 체력과 시간 활용 능력에서 비롯된다. 건강을 잃거나 시간을 낭비하면 실패 확률이 높아진다. 자기관리는 자기사랑, 자기존중에서 출발한다.

5) 학습태도

끊임없이 배우고 피드백을 받아들이는 사람은 성장하고, 배움을 거부하는 사람은 정체하거나 후퇴한다. 이런 학습태도는 평생 지속되며 인생 전체를 결정하게 된다.

6) 리스크 관리

성공하는 사람은 위험을 인식하고 대비하며, 실패하는 사람은 무모하거나 지나치게 두려워한다. 누구에게나 언제든지 리스크는 나타나지만 그 상황을 극복하고 관리하느냐가 성공과 실패를 가른다.

7) 관계와 협력

올바른 사람들과의 네트워크와 협력이 기회를 만들고, 반대로 잘못된 인맥이나 고립은 실패로 이어질 수 있다.

8) 회복탄력성(Resilience)

실패 후 다시 일어나는 힘이 있는 사람은 결국 성공하고, 좌절에서 벗어나지 못하면 실패에 머무른다. 본인이 포기하기 전까지는 아직 끝난 것이 아니다.

9) 자기 확신과 겸손의 균형

스스로를 믿되 오만하지 않고, 배우면서도 자기 길을 가는 사람이 성공한다. 누구와도 비교할 필요가 없다.

10) 가치관과 방향성

성공은 단순히 돈이나 지위가 아니라, 자신의 가치와 일치하는 방향에서 지속 가능한 성취로 이어진다. 방향이 없으면 노력도 공허해질 수 있다.

7. 내 안에 존재하는 성공 타입과 실패 타입

자가진단 10가지

각 항목마다 '나는 +에 가깝다/−에 가깝다'로 체크해 보자. (+5~−5점 사이에 스스로 점수를 주고 각 항목에서 강점, 약점을 알아보자.)

1) 성실성

(+) 맡은 일을 끝까지 책임지고 완수한다.

(-) 시작은 하지만 자주 미루거나 포기한다.

2) 재능 & 역량

(+) 내 강점을 알고, 그것을 꾸준히 발전시킨다.

(-) 강점과 약점을 잘 모르고, 노력도 꾸준하지 않다.

3) 목표 설정

(+) 구체적이고 측정 가능한 목표를 세운다.

(-) 막연하게만 생각하고 실행 계획은 없다.

4) 자기관리(습관)

(+) 규칙적인 생활, 건강관리, 학습습관을 지킨다.

(-) 컨디션 관리가 부족하고 생활이 불규칙하다.

5) 시간 활용

(+) 중요한 일과 덜 중요한 일을 구분해 우선순위를 정한다.

(-) 급한 일에만 쫓기고, 시간을 낭비하기 쉽다.

6) 도전정신

(+) 새로운 시도를 두려워하지 않고 배우려 한다.

(-) 실패를 두려워해 안전한 것만 선택한다.

7) 감정 & 스트레스 조절

(+) 어려움도 긍정적으로 해석하고 이겨 낸다.

(−) 작은 실패에도 쉽게 좌절하거나 짜증을 낸다.

8) 대인관계 & 협업

(+) 함께하는 사람들과 신뢰와 시너지를 만든다.

(−) 갈등을 피하거나, 자기중심적으로만 행동한다.

9) 학습 & 성장 태도

(+) 실패에서 배우고, 피드백을 환영한다.

(−) 고집을 부리거나 배우려 하지 않는다.

10) 끈기 & 지속성

(+) 성과가 늦게 와도 끝까지 밀고 나간다.

(−) 성과가 빨리 나오지 않으면 쉽게 포기한다.

성공 타입 & 실패 타입 자가진단 해석 기준(10점 만점)

성공 타입(Success Type)

7점 이상 (우수) : 성공 지향 타입

대부분의 성공 요소들을 습관화·내재화하고 있다.

자신의 강점을 잘 활용하고, 목표 달성을 위한 자기 통제력과 끈기가 뛰어나다. 이대로 꾸준히 발전시킨다면 원하는 성공에 빠르게 도달할 가능성이 높다.

5점~6점 (양호) : 성장 잠재 타입

성공에 필요한 기본적인 자세는 갖추고 있지만, 특정 영역(체크하지 않은 (-)항목)에서는 개선할 여지가 있다.

어떤 항목에서 (-)가 나왔는지 확인하고, 그 부분을 집중적으로 보완하면 성공 타입으로 한 단계 도약할 수 있다.

실패 타입(Failure Type)

4점 이하(주의) : 개선 필요 타입

성공에 필요한 습관이나 태도보다 실패로 이끌기 쉬운 행동 방식이 더 많이 보인다.

지금 당장 가장 점수가 낮은 항목 혹은 (-)가 가장 많이 나온 항목부터 구체적인 목표를 세워 개선하는 노력이 필요하며, 지속적인 자기관리와 성장태도를 기르는 것이 중요하다.

자가진단 활용 팁

단순히 점수를 매기는 것보다 어떤 항목에서 (-)에 체크했는지를 파악하는 것이 훨씬 중요하다.

(-) 항목 확인 : 점수가 낮더라도 '어떤 부분이 부족한지'를 구체적으로 알게 되었다는 건 큰 수확이다. 이 항목들을 가장 먼저

개선해야 할 영역으로 삼고 노력해 보자.

(+) 항목 활용 : 점수가 높은 항목들은 당신의 강점이다. 이 강점들을 적극 활용하여 부족한 부분을 보완하고, 목표를 달성하는 데 동력으로 삼아 보자.

8. 성공과 실패 사례 분석

사례 1 : 매사 느린 A씨

얼핏 보면 매사에 늦고 지각이 잦은 A씨는 실패 타입이었다. 결정하는 것도 늦어서 함께 사는 사람이 속이 터질 지경이었다. 직장생활을 하는 것이 신기할 정도로 밤낮이 바뀐 생활을 했다.

그의 유일한 장점은 꼼꼼함이었다. 매사에 늦지만 한번 일을 하면 치밀하게 끝까지 한다는 점이었다. 그는 직장생활에서도 잘 적응하지 못해 사실상 도중에 그만뒀다. 공학도 출신인 그는 자신의 기술을 발판으로 작은 회사를 차렸다. 처음에는 어려움이 많았지만 원만한 대인관계, 일을 맡기면 끝까지 책임지는 꼼꼼함으로 차츰 신뢰를 얻어 나갔다.

그의 회사는 작지만 탄탄한 경쟁력을 키웠다. 여전히 밤낮이 바뀐 생활을 하지만, 이제 자기 회사이기 때문에 별 문제가 되지 않는다. 치밀함과 기술력, 원만한 대인관계를 강점으로 자신의 게으름, 술버릇 등 약점을 커버하고도 남았다.

부부 관계도 호전됐다. 신혼 때는 밤낮이 바뀐 생활에 불만이 컸지만, 세월이 흐르고 보니 부인 입장에서 식사 서비스를 하지 않아도 되니 이만큼 큰 이점도 없다. 간단히 저녁식사만 챙겨 주면 끝이다.

인생 성공은 성공 타입, 실패 타입이 끝이 아니다. 자신이나 상대가 어떤 타입인지 알고 인내하거나 성공으로 유도하는 과정이 중요하다. 또 다른 사례를 보자.

사례 2 : 수재형 B씨

그는 머리가 좋아 공부를 잘했다. 성실한 편이라 모두가 성공하리라고 예상했다. 기대대로 그는 일류대학에 진학, 대학원을 마치고 20대 후반에 지방대학 교수로 임용됐다.

남들은 제대하고 복학하는 나이에 초년 출세를 한 셈이었다. 모두들 부러워하며 칭찬 일색이었다. 그리고 부잣집 딸과 결혼, 화려한 삶을 누리는 듯했다. 여러 가지 성공 조건을 다 갖췄지만 작은 문제들이 커지기 시작했다. 초년 출세는 그를 오만한 사람으로 만들었다. 술버릇도 나빠져 갔다. 대학교는 그의 플레이 그라운드로 바뀌었다. 중년의 부인을 버리고 예쁘고 어린 조교를 선택했다.

멀리서 보던 B씨와 살아보니 무시와 폭언, 술주정까지 조교 부인은 견딜 수 없었다. 간단히 굿바이했다. B씨의 학력과 직업을 보고 재혼하려는 사람들이 수없이 줄을 섰다. 결국 이번에는 의사의 부인을 택했다. 문제는 그 부인이 돈이 많다는 것을 뒤늦게 알고 더 오만해진 B씨는 끔찍한 선택을 했다. 그는 50대에 22년형을 선고받고, 지금 이 시간에도 감방 생활을 하고 있다.

성공 타입과 실패 타입은 절대적이지 않고 그것을 어떻게 활용하고 대비하느냐가 중요하다. 자신을 알고 대비하면 실패가 오더라도 극복할 수 있다. 자신을 모르는 오만한 인간형이 된다면 자신도 모르게 인생을 망칠 수 있기 때문이다.

사례 3 집념의 사나이 C씨

그는 공부를 잘했지만 술을 매우 좋아했다. 소위 일류대학 법대를 나와 검사가 됐다. 검사 조직이 숨이 막힐 정도로 엄격했지만 그는 술로 잘 버텼다.

그에게 기회가 왔다. 권력의 실세라는 서울중앙지검장에 임명됐다. 권력지향적인 그에게 날개를 달아 준 셈이다. 검찰의 특활비라는 눈먼 돈으로 후배들을 챙겨 신임도 두둑했다. 그의 출세는 여기서 그치지 않고 검찰총장직까지 이어졌다.

그의 오만한 태도와 거짓말은 많은 논란을 가져왔지만, 이미 그는 권력의 정점에 섰다. 사람들은 그를 지지 혹은 반대파로 나뉘었다. 그는 마침내 대통령에 도전, 대통령에 선출되는 괴력을 발휘했다.

"높은 자리는 훌륭한 사람은 더욱 돋보이게 하고, 졸렬한 인물

은 조롱받게 만든다."(라 브뤼에르)

대통령이 된 그의 기행은 속속 드러났다. 늘 술자리 논란, 가짜 출근, 호화 외유, 공천 비리, 매관매직 등. 끝내 그는 쿠데타를 시도, 국민을 향해 총부리를 겨눠 내란수괴 혐의로 감방행, 법의 처분을 기다리는 신세가 됐다. 그에 대한 평가는 물론 다를 수 있다. 각자의 평가와 판단을 존중한다. 그러나 인생 후반부가 참담해졌다는 점에서 그의 모든 성취와 성공은 실패 모드로 전환될 수 있지 않을까?

9. 자신을 알고 상대를 알아야 하는 이유

1) 최적의 의사결정과 목표 설정

나를 아는 것 : 나의 강점, 약점, 가치관, 진정한 욕구를 알면 내가 진정으로 원하는 것이 무엇인지 명확해진다. 이를 통해 사회적 기대가 아닌 '나다운' 목표를 설정하고, 실패할 확률이 낮은 길을 선택할 수 있기 때문이다.

상대를 아는 것 : 경쟁 상황(취업, 사업 등)에서 상대방(경쟁사, 면접관 등)의 강점과 약점, 시장의 흐름을 알면 불필요한 노력을 줄이고 최적의 전략을 세워 목표를 달성할 수 있다.

2) 효과적인 관계 형성 및 갈등 해결

나를 아는 것 : 나의 소통 방식, 스트레스 반응 패턴을 알면 상대에게 효과적으로 나를 표현하고, 감정을 조절할 수 있다.

상대를 아는 것 : 상대방의 성향, 니즈, 관점을 이해하면 불필요한 오해와 충돌을 예방하고, 갈등 상황에서 상대의 입장을 고려한 공감과 해결책을 제시하여 신뢰를 기반으로 한 시너지를 만들 수 있다.

3) 감정 관리와 심리적 안정성 확보

나를 아는 것 : 내가 언제 스트레스를 받고, 어떤 상황에서 쉽게 좌절하는지 알면 위험 상황을 미리 피하거나, 자신에게 맞는 가장 효과적인 회복 방법을 찾을 수 있다. 이는 정서적 안정성을 높이는 기본이다.

상대를 아는 것 : 타인의 행동이 나 때문이 아님을 인지하고 상대의 상황적 어려움이나 성향 때문에 발생한 일임을 이해하면, 그 행동에 개인적으로 상처받거나 과도하게 감정 소모하는 것을 막을 수 있다.

4) 지속적인 성장과 자기 계발

나를 아는 것 : 나의 '현재 수준(약점)'을 정확하게 파악해야 어디서부터 변화와 성장을 시작해야 하는지 알 수 있다. 자기 인식이야말로 모든 자기 계발의 출발점이다.

상대를 아는 것 : 나보다 뛰어난 롤모델이나 경쟁자를 관찰하고 그들의 성공 방식(전략, 습관 등)을 분석하면, 내가 무엇을 새롭게 배워야 할지에 대한 명확한 청사진을 얻을 수 있다.

5) 위험 회피 및 불확실성 감소

나를 아는 것 : 내가 감수할 수 있는 위험의 크기와 나의 한계를 알면 무모한 도전을 피하고, 재정적/심리적 위기에 빠지는 것을 막을 수 있다.

상대를 아는 것 : 세상의 변화(사회, 경제, 기술의 변화)나 관계의 역동성(상사의 변화, 동료의 태도 등)을 미리 파악하면, 위태로운 상황에 직면하기 전에 대비책을 마련하여 예상치 못한 실패를 피할 수 있다.

프로는 자신과 싸우고 아마추어는 타인과 다툰다고 한다. 누구와 어떤 상황에서 상대하든 '아는 것과 모르는 것'은 승부를 바꾼다. 자신의 타입과 성향을 미리 파악하고 대비하는 것은 복잡다단한 인생의 변수를 최소화하는 지혜의 전략 수립의 기초가 될 것이다.

제3장
인생 실패의 함정

인생사는 흐릿한 성공과 확실한 실패의 연속이다. 실패의 함정은 곳곳에 언제든 도사리고 있는 듯하다. 누구는 큰 실패에도 다시 일어나고, 누구는 작은 좌절에도 인생 전부를 포기하기도 한다. 한번 태어난 인생인데 최선을 다해 보지도 않고 너무 빨리 승부를 포기한다는 것은 자신에 대한 배신이다.

먼 바다 항해를 떠나면서 폭풍우를 만나지 않기를 바랄 수만은 없다. 인생의 승부가 이제부터 본격적으로 시작되는 상황에서 인서울 대학, 스카이 대학 가지 못했다고, 취업에 실패했다고 벌써 자신을 비하하거나 과소평가해서는 안 된다. 앞으로 더한 좌절과 역경이 오더라도 받아들이고 극복할 준비가 된 사람에게 성공은 거짓말처럼 다가온다. 이를 위해 실패의 함정을 미리 알고 대비하면 도움이 되지 않을까?

1. 실패의 공통 함정 5가지(straw)

성공한 인생에 공통점이 있듯 실패하는 인생에도 공통점이 있다. 이 역시 쉽게 기억할 수 있도록 '빨대(straw)'라는 단어로 만들었다. 영문 첫 글자를 이은 것이다. 5가지 중 하나를 잘못해도 실패하는 모습을 자주 목격하게 된다.

1) 자기관리 실패(self control failure)
2) 노력 부족(toll-absence)
3) 인간관계 실패(relationship failure)
4) 목표 부재(aimless)
5) 잘못된 선택(wrong chice)

1) 자기관리 실패(self control failure)

자기관리는 자기사랑, 자존심에서 나온다. 자기를 아끼는 사람은 스스로 자기관리에 나선다. 그렇지 못한 사람들은 일단 자신을 비하하거나 타인과 자주 비교하는 경향이 있다. 이들은 보편적으로 이런 행태를 보인다.

(1) 낮은 자존감
(2) 스트레스 관리 능력 부족
(3) 문제 해결 능력 부족

문제가 발생했을 때 효과적으로 해결하지 못하거나 현실을 인정하거나 받아들이지 못한다. 상황을 객관적으로 보는 능력이 떨어진다. 쉽게 좌절감을 느끼고 자기관리를 포기하는 편한 선택을 한다.

2) 노력 부족(toll-absence)

노력한다고 해도 인생의 성공은 보장이 안 된다. 그런데 노력조차 부족하면 기대할 것이 없다. 인생은 냉정하고 잔인하기까지 하다. 주로 다음과 같은 이유로 노력을 충분히 못하거나 포기하게 된다.

(1) 방향 상실 : 인생에 명확한 목표가 없으면 노력해야 할 이유를 찾기 어렵다.
(2) 동기 저하 : 노력에 대한 보상을 제대로 인식하기 어려우면, 동기 부여가 되지 않아 쉽게 포기하게 된다.
(3) 비관주의 : "나는 해도 안 될 거야"와 같이 비관적인 생각, 실패의 기억이 지배하면 용기를 잃게 된다.

3) 인간관계 실패(relationship failure)

인간은 사회적 동물이라 관계 속에서 생존, 발전한다. 가족, 직장, 사회 등지에서 원만한 관계를 맺지 못하면 인생은 괴로워진다. 인간은 감정의 동물이라 자기 노력 여부와 상관없이 관계를 원활하게 유지하기가 쉽지 않다. 특히 관계를 중요시하지 않거나 예의를 갖추지 않으면 관계는 쉽게 훼손된다. 주로 다음과 같은 이유가 실패의 원인이 된다.

(1) 소통의 부재(Lack of Communication) : 신뢰 부족, 오해와 갈등이 생길 수 있다.
(2) 공감 능력 부족(Lack of Empathy) : 공감하지 못하면 상대방은 소외감이나 무시받는다고 역공할 수 있다.
(3) 자기 중심적 태도(Selfish Attitude) : 상대방의 입장을 고려하지 않으면 관계가 깨질 수 있다.

4) 목표 부재(aimless)

"인생에 목표가 반드시 있어야 하나?" 의문을 제기하는 사람들도 있다. 건강하고 행복하게 살고 싶다는 막연한 목표도 목표다. 행복하기 위해 내 적성에 맞는 직업을 찾기 위해 목표가 있으면 유리한 만큼 목표를 가지라고 권한다. 그 목표는 적어도 이런 것에서는 벗어나야 한다.

(1) 주입된 꿈 : 어릴 때부터 부모나 사회가 원하는 '좋은' 직업이나 성공 모델을 강요받은 타인의 꿈.
(2) 획일화된 가치관 : 자신만의 개성과 가치를 발견하지 못하고 획일화된 타인의 삶.

(3) 낮은 자존감 : 자존감이 낮으면 스스로에 대한 믿음이 부족하여 목표를 달성할 수 없을 거라고 생각하기 쉽고, 자신만의 목표 설정 자체를 포기할 수 있다.

5) 잘못된 선택(wrong chice)

인생을 살면서 늘 올바른 선택만 할 수 없다. 잘못된 선택을 하더라도 이를 극복하는 계기로 삼는다면 이야기는 달라진다. 인생의 시행착오를 내 편으로 되돌리기 위해선 용기와 지혜가 필요하다. 주로 언제 잘못된 선택을 하는가.

(1) 정보 부족 : 충분한 정보를 수집하지 않고 성급하게 선택하면 잘못된 결정을 하게 된다.

(2) 충동적인 선택 : 충동적인 성향은 충분한 고려 없이 즉흥적인 선택, 곧 후회를 하게 된다.

(3) 타인의 영향 : 가족, 친구, 타인의 영향은 잘못된 선택을 하게 하는 외적 요소가 된다.

실패 극복 방안

1. 자기관리 실패 → 자기 규율(Self-discipline)
   아침 루틴 만들기(운동, 독서, 계획 작성 등)

디지털 기기 사용 시간 제한

작은 목표라도 반드시 지키는 습관(매일 10분 운동 등)

2. 노력 부족 → 꾸준한 실행(Consistency of effort)

   자기 계발을 위해 작은 개선을 매일 쌓아 나감

   결과보다 '과정에 대한 점검'을 매주 스스로 평가

   짧은 폭발적 노력보다 '지속적인 작은 노력'이 더 큰

   차이를 만듦.

3. 인간관계 실패 → 공감과 소통(Empathy & Communication)

   하루에 한 번은 누군가에게 착한 일하기

   상대의 말을 끊지 않고 끝까지 듣는 연습

   인간관계는 기술이며, 작은 배려가 관계의 질을 바꿈

4. 목표 부재 → 비전 설정(Vision setting)

   1년 후, 5년 후, 10년 후 스스로 어떤 모습일지 글로 작성

   영어 공부, 건강 체크 등 장기적 목표 설정, 노력하기

   정기적으로 목표를 수정·보완하기

   목표는 삶의 '이정표'이며, 삶의 방향성을 잡아주는 나침반

5. 잘못된 선택 → 분별력(Discernment & Decision-making)

   선택 전 장점, 단점, 대안, 최악의 시나리오 4가지를

2. 실패 사례

1) 자기관리 실패 사례

그는 잘나가는 건축사 아버지를 뒀다. 공부도 잘하는 편이었지만 학창시절부터 도박을 좋아했다. 야간대학에 다니며 낮에는 아버지 회사에서 일했다. 돈이 풍족한 그의 씀씀이에 친구들이 모여들었다.

도박이 시작됐고, 동시에 음주운전도 반복됐다. 단속에 적발되기도 했지만 용케 빠져나왔다. 그의 무용담은 과장인지 사실인지 모를 정도로 리얼했다. 또다시 음주운전 교통사고를 냈다. 이번에는 큰 사고였다.

자신도 크게 다쳐 병원 신세를 졌다. 멀쩡하던 몸이 불구로 퇴원했다. 아버지가 돌아가시자 그의 돈줄도 말랐다. 세월은 그에게 재도전의 기회를 주지 않았는지 스스로 포기했는지 알 수 없지만 낙향했다.

시골 저수지에서 낚시로 세월을 보내던 그는 후회와 눈물로 세월을 보냈다. 의지가 꺾인 그는 50대를 넘기지 못하고 세상을 떠났다. 자식을 먼저 보낸 어머니는 눈물을 흘리며 "돈과 도박이 아들을 망쳤다"고 토로했다.

2) 목표 없는 삶

그는 대학을 졸업한 후 결혼하여 해외로 떠났다. 해외에서 취업했다는 소식도 있어 잘 살고 있는 줄 알았다. 그러나 거의 단절된 상태에서 간간이 들려오는 소식은 살기 힘들다는 우울한 내용이었다.

10여 년 세월이 흐른 후 한국으로 돌아온 그는 떠날 때와 마찬가지로 빈털터리였다. 다만 몰랐던 그의 취향과 가치관이 드러났다. 인성이 착하기만 한 그는 매사 의욕 부재로 남이 시키는 일은 잘했지만 스스로 뭔가를 하고자 하는 목표가 없었다. 왜 그런 것을 해야 하는지, 왜 돈을 벌어야 하는지 별 의욕이 없었다. 작은 장난감 만지는 것이 유일한 취미로 시간을 보냈다.

부모의 걱정은 세월과 함께 커졌다. '경제 무능력자'라는 주변의 평가가 나왔지만 그는 개의치 않았다. 40대 자식을 보는 늙은 부모는 걱정이 태산이었지만 그는 계획이나 목표가 없다. 아버지 사업을 돕고 있지만, 부모가 경제적 도움을 주는 현재 생활이 언제까지 이어질지 알 수 없다. 이 정도 되면 스스로 계획을 세워야 하지만 그런 생각이 없다.

외관상 평범해 보이는 그의 삶, 걱정 없는 삶의 태도…. 그러나 나이가 들수록 부모 외에는 도와줄 사람이 없고 스스로 해결해야 한다. 그런 관점에서 그의 독립심, 경쟁력은 미래를 어둡게 하고 있다. 특단의 조치가 없다면 실패라는 수순이 따라올 것이다.

3) 인간관계 실패

그는 소위 일류대 출신 전문직 종사자였다. 자신의 말과 판단을 최우선시하며 타인의 말을 존중하지도 인정하지도 않았다. 동료는 물론 상사와도 대화가 되지 않았다. 소통의 단절은 관계 악화로 이어졌다.

결과는 직장 퇴출이었지만 다시 복직이 허용됐다. 그러나 그에게 조금의 변화도 개선도 보이지 않았다. 이번에는 다른 이유로 해고당했지만 그 누구도 나서서 그를 옹호하지 않았다. 모두 그에게 충분한 기회를 줬다고 생각했기 때문이다.

전문직이었지만 그는 결국 조기 퇴출됐다. 자기 사업을 하지 않으니 실업자 신세가 됐다. 인간관계 실패는 의사도 교수도 변호사도 인생 실패로 이어지는 법이다. 인간관계란 상호 인정, 존중, 예의를 기본으로 하지만, 이를 지키지 않을 때는 자격증도 학위도 소용없는 법이다.

3. 탈무드가 전하는 실패의 의미

탈무드는 실패를 단순히 부정적인 것으로 보지 않고, 성장과 배움의 필수적인 기회로 삼으라는 지혜를 전한다.

1) 실패는 배움의 과정이다

실패는 성공하지 못하는 방법을 깨닫는 것이며, 궁극적으로 성공으로 가는 길의 일부분이다. "만약 당신이 경험에서 배운다면 실패란 없다"는 가르침도 있다.

2) 포기하지 않는 끈기와 인내

실패에 좌절하지 않고 끊임없이 다시 시도하는 끈기를 강조하고 있다. 잠언 24장 16절의 "의로운 자는 일곱 번 넘어져도 다시 일어난다"는 구절을 인용하며, 넘어져도 계속 일어나는 것이 성공을 보장한다고 가르친다.

3) 실패를 성장의 동력으로 삼는다

실패는 때로는 사람을 영적으로 더욱 높은 곳으로 끌어올리는 계기가 된다. 실수를 통해 겸손해지고, 이 겸손함이 더 깊은 이해와 성장을 가능하게 한다. 시련과 실패의 시기를 '하강'으로 보지만, 이는 더 큰 '상승'을 위한 필수적인 단계라고 본다.

4) 실패는 당신을 규정하지 않는다

젊은 시절의 실수를 자기 정체성과 혼동하지 않도록 경계한다. 실수는 단지 일어난 사건일 뿐이며, 당신의 가치를 정의하지 않는다. 실패를 통해 좌절 대신 교훈을 얻고, 다음에는 더 잘하겠다는 동기 부여를 얻을 때, 실패는 오히려 성공을 위한 투자가 된다.

요약하면, 탈무드는 실패를 두려워하지 말고, 그로부터 배우고, 끊임없이 다시 도전하며, 궁극적으로 더 성장하고 발전하는 기회로 보라고 조언한다.

4. 인생에서 실패로 가는 10가지 흔한 습관

다음은 코카콜라의 전설적인 경영인 도널드 R. 키오(Donald R. Keough)의 저서 《실패하는 사람들의 10가지 습관》에서 제시한 관점과 일반적인 자기 계발의 관점을 통합한 것이다.

1) 모험을 하지 않는 것(Risk Aversion)

함정 : 안정만을 추구하고 변화와 도전을 꺼리는 태도. 새로운 시도나 혁신 없이 현재에 안주하는 것.

이유 : 실패에 대한 두려움과 상실에 대한 심리적 저항 때문

이다. 이미 이룬 것을 잃을까 봐 두려워하거나, 변화가 가져올 불확실성을 감당하고 싶지 않기 때문에 성장의 기회를 놓치게 된다.

2) 입장을 절대 바꾸지 않는 것(Inflexibility)

함정 : 자신의 기존 생각, 결정, 방식을 고수하며 다른 의견이나 새로운 정보를 무시하는 완고함.

이유 : 자신이 틀렸음을 인정하는 것에 대한 거부감과 자만심, 또는 과거의 성공에 갇혀 있거나, 자신의 권위나 판단력이 흔들리는 것을 용납하지 못해 유연한 사고와 학습을 멈추기 때문이다.

3) 자기 자신을 격리시키는 행위(Isolation)

함정 : 혼자 모든 것을 결정하고 해결하려 하며, 타인(동료, 멘토, 비판자)과의 소통을 단절하거나 진솔한 피드백을 멀리하는 것.

이유 : 자신이 모든 것을 알고 있다는 오만 또는 취약함을 드러내고 싶지 않은 방어 심리와 바깥세상의 변화나 내부의 문제점을 제때 파악하지 못해 잘못된 판단을 내리기 때문이다.

4) 한 치 오류도 없는 사람인 척하는 것(Pretending Perfection)

함정 : 실수나 약점을 인정하지 않고 완벽해 보이려고 끊임없

이 포장하는 것.

이유 : 타인의 존경과 인정에 대한 과도한 욕구와 수치심에 대한 두려움 때문이다. 실수에서 배우고 성장할 기회를 스스로 차단하고, 주변 사람들에게 진정성 없는 모습만 보여 주게 되어 신뢰를 잃는다.

5) 생각할 시간을 갖지 않는 것(Lack of Reflection)

함정 : 바쁘다는 핑계로 일과 행동만 반복할 뿐, 왜 그렇게 하는지, 더 나은 방법은 없는지 깊이 성찰하는 시간을 갖지 않는 것.

이유 : 단기적인 성과와 즉각적인 행동에 대한 집착 때문이며 장기적인 비전과 전략을 놓치고, 과거의 실수나 성공 경험으로부터 의미 있는 교훈을 얻지 못하기 때문이다.

6) 목표를 설정하지 않는 것(Lack of Clear Goals)

함정 : 막연하게 '잘되겠지'라고 생각하며 구체적이고 측정 가능한 목표 없이 방황하는 것.

이유 : 노력에 따르는 고통을 피하려는 무의식적인 회피 또는 무엇을 원하는지에 대한 불확실성과 나침반 없는 배처럼 표류하며 에너지를 낭비하고, 성공을 정의할 기준이 없어 어떤 성취에도 만족하지 못하기 때문이다.

7) 즉시 포기하는 것(Quitting Too Soon)

함정 : 작은 장애물이나 초기의 어려움 앞에서 쉽게 좌절하고 중도에 포기하는 것.

이유 : 결과가 빠르게 나타나야 한다는 조급함과 인내심이 부족하다. 대부분 가치 있는 성공은 꾸준한 노력과 시간 투자를 필요로 하는데, 이 과정을 견디지 못하고 성공 직전 단계에서 멈추기 때문이다.

8) 변명과 합리화에 익숙한 것(Excessive Excuses and Blaming)

함정 : 실패의 원인을 외부 환경이나 타인의 탓으로 돌리며 자기 책임을 회피하는 것.

이유 : 자존감을 보호하려는 자기 방어 기제 때문에 자신의 실수에서 배우고 개선할 기회를 박탈하며, 문제의 근본적인 해결보다는 일시적인 마음의 위안만을 추구하게 된다.

9) 부정적인 자기 대화(Negative Self-Talk)

함정 : '나는 안 될 거야', '이건 너무 어려워'와 같이 스스로에게 패배적인 메시지를 끊임없이 주입하는 것.

이유 : 내면에 뿌리 박힌 낮은 자존감과 성공에 대한 무의식적인 두려움 때문이다. 부정적인 생각은 행동을 멈추게 하는 자기 충족적 예언(Self-fulfilling prophecy)으로 작용하여 실제 실패를 이끌어 낸다.

10) 미래를 두려워하는 것(Fear of the Future)

함정 : 변화하는 미래를 예측하고 대비하기보다는 불안해하거나 무시하는 것.

이유 : 불확실성에 대한 타고난 거부감과 현실을 외면하고 싶은 심리는 현재의 안락함에 매달려 미래의 잠재적인 위협과 기회를 간과하고, 결국 시대의 변화에 뒤처지게 된다.

5. 실패 자가진단법 5가지

실패 과정에서 다시 방향을 바꿔 성공의 길로 가는 경우도 많다. 이를 위해 자신이 처한 현재 상황을 빨리 인식하고 판단하는 것이 중요하다. 스스로 판단할 수 있는 기준을 찾아본다.

1) '오늘 해야 할 일'을 꾸준히 '내일'로 미루고 있는가?
(미루는 습관)

진단 기준 : 현재의 중요하고 어려운 과제를 계속 다음 날이나 다음 주로 미루는 건 실패의 징후다. 해야 할 일을 미루는 것은 일시적인 게으름을 넘어, 그 일에 대한 실패의 두려움이나 불확실성 회피 때문일 수 있다. 일상의 자잘한 일뿐만 아니라, 인생의 방향을 바꿀 수 있는 큰 결정이나 중요한 학습을 미루고 있다면 경고등이 켜진 것이다.

2) 새로운 것을 배우거나 시도하기를 두려워하는가?

(성장 정체)

진단 기준 : 자신의 지식이나 기술이 현 상태에 갇혀 있다고 느끼며, 세상의 변화나 새로운 트렌드를 알려고 노력하지 않는다면 정체된 상태다. 익숙함과 안전함만을 추구하는 것은 성장의 문을 닫는 행위다. 새로운 시도가 실패할까 봐 아예 시작조차 하지 않는 경우가 늘었는가?

3) 문제 발생 시 '외부 환경이나 타인'을 탓하고 있는가

(책임 회피)

진단 기준 : 현재 겪는 어려움이나 좋지 않은 결과의 원인을 자신의 능력 부족이나 노력 부족이 아닌, 운이 없거나 타인의 실수 또는 통제 불가능한 환경 때문이라고 결론 내리는 습관은 실패를 가속화한다. 자신이 통제할 수 있는 영역(노력, 방식, 태도)에 집중하기보다, 통제 불가능한 외부 요소에 대해 불평하는 시간이 많은가?

4) 과거의 성공 사례나 경험만 반복적으로 되새기고 있는가?

(과거 집착)

진단 기준 : 현재 상황과 맞지 않는데도 과거의 성공 방식이나 영광에 지나치게 집착하고 있다면 변화에 적응하지 못하고 있다는 증거다. 과거의 성공이 오히려 현재의 실패를 막는 함정이

될 수 있다. 과거의 성공에 비해 현재 자신의 모습이나 성과에 대한 만족도가 현저히 떨어지는가?

5) 매일의 활동에서 의미나 즐거움을 거의 느끼지 못하는가?
(열정 상실/정서적 침체)

진단 기준 : 일, 학업, 취미 등 일상생활에서 흥미나 즐거움, 몰입감을 잃고 의무감으로만 움직인다면 정신적·정서적 실패 상태일 수 있다. 이는 목표 상실 또는 우울감의 징후이기도 하다. 자신의 미래에 대해 생각할 때 희망적인 그림보다는 불안하거나 막막한 감정이 앞서는가?

이 5가지 질문 중 3가지 이상에 해당한다면, 현재의 습관이나 태도가 실패로 향하는 경로에 있을 가능성이 높다. 이러한 점들을 인식하고 개선을 위한 첫 단계를 설정해 보는 것은 어떨까?

6. 실패를 극복하면 생기는 선물세트

역경이나 실패는 깊은 상처를 남기지만 이를 극복하면 자신도 모르는 내공이 생긴다. 단순한 내공이 아니라 삶의 인내심, 지혜 등 상상 이상의 선물을 준다는 것이 나의 체험이다. 실패를 극복한 경험자들의 말을 종합하면, 적어도 역경은 극복만

한다면 9가지 선물을 무더기로 준다고 한다. 다음은 '김창룡의 창' 유튜브 채널에서 인용, 재정리한 것이다.

1) 자신감

크고 작은 역경을 극복하면 내 안에 나도 모르는 자신감이 쌓여 간다. 그것은 나도 모르게 일어나는 일이다.

2) 자존감

그동안 스스로 자신을 과소평가한 측면이 바로 극복된다. 자존감은 살아가는 데 필수 요소이며, 자존감이 있는 사람은 외부 요인에 쉽게 흔들리지 않는다.

3) 공감과 배려

타인의 아픔, 상처, 좌절을 보다 잘 이해할 수 있다. 시험 한 번, 고시 합격으로 자격증을 내세워 출세가도를 달리는 사람들도 나름 우여곡절이 있지만 타인을 잘 이해하지 못하는 특징이 있다. 좌절은 그 가치를 깨닫게 한다.

4) 회복탄력성

극복의 경험은 또 다른 역경이 와도 두려워하지 않게 된다. 상처는 받지만 금세 아물게 되고 다시 털고 일어난다. 출세만 하는 사람들은 회복탄력성이 매우 낮은 것과 대조적이다.

5) 문제 해결 능력

역경은 많은 내적 에너지, 별의별 수단을 다 생각하게 한다. 이것이 다른 문제 해결 능력도 키우는 원인이 된다. 오히려 역경에 감사하게 된다.

6) 인내심과 끈기

난제일수록 인내심을 요구한다. 자신도 그런 인내심과 끈기가 있다는 것을 모르다가 깨닫게 된다.

7) 성취감

이는 말로 설명하기 힘들다. 역경을 극복한 자만이 느끼는 성취감은 말로 표현할 수 없다.

8) 감사하는 마음

인생에 비로소 감사하는 마음도 생긴다. 자신의 몰랐던 내면을 발견하고 어렵지만 극복했을 때 감사하는 마음이 저절로 나온다.

9) 삶에 대한 통찰력

현명한 사람들은 대부분 역경과 고난을 체험한 사람들이다. 이는 역경이 지혜를 주고 통찰력을 주기 때문이다. 순례길을 체험하고 고난 시간을 일부러 갖는 것은 삶에 대한 통찰력을 주는 수단이다.

제4장
성공 법칙 10가지

인생에 정답은 없지만 성공에는 법칙이 있다고 믿는다. 실패에 실패의 공식이 있듯이 성공에도 성공 공식이 있다. 물론 법칙이니 공식이 아니라 되는 대로 사는 것도 하나의 인생이라는 말을 부정하지 않겠다. 그러나 그런 인생은 실패 확률이 높고, 인생 후반전에서 후회하는 경우를 자주 목격했다.

그 공식이나 법칙을 살펴보면 공통점이 있다. 이 중에 자신에게 맞다고 생각하는 것을 정리, 실천하려고 노력하면 성공에 가까워질 수 있다. 나는 내 방식대로 내 주관에 맞춰 10가지를 재정리하면서 더 행복해지고 더 보람을 느끼며, 내 인생을 잘 만들어 가는 듯한 만족감을 느끼고 있다. 다음 성공 법칙 10가지를 참고해 보기 바란다.

1. 성공으로 이끄는 10가지 법칙

1) 자신을 존중하라

"자신을 존중하면 다른 이들도 나를 존중한다." - 공자

성공의 출발점은 자기 존중이다. 자신을 무가치하게 생각하는 사람은 스스로의 잠재력을 제한한다. 반대로 자신을 존중하는 사람은 스스로를 귀하게 여기고, 타인에게도 그 존중이 전달된다.

오프라 윈프리는 가난과 학대 속에서 자랐지만, 어린 시절부터 '나는 존중받을 가치가 있다'는 믿음을 스스로에게 심어 주었다. 그 자기 존중이 그녀를 세계적 영향력 있는 인물로 만들었다.

실천 과제 : 매일 아침 거울을 보며 "나는 소중한 존재이고, 존중받을 가치가 있다"와 같은 긍정적인 문장을 말해 보라.

2) 실패와 시련을 성공의 과정으로 받아들여라

"실패는 단지 다시 시작할 기회일 뿐이다. 이번에는 더 현명하게." - 헨리 포드

실패 없는 성공은 없다. 오히려 실패는 가장 값진 자산이다. 그것을 경험한 사람만이 더 나은 전략을 찾고, 더 크게 성장한다.

토머스 에디슨은 전구를 발명하기까지 수천 번 실패했다. 그
는 그것을 실패라 부르지 않았다. "나는 되지 않는 방법을 수천
가지 발견했을 뿐"이라며 계속 도전했다.

실천 과제 : 최근 실패 경험을 떠올리고, '내가 배운 3가지 교
훈'을 적어 보자.

3) 시간을 지켜라

"시간을 지배하지 못하면, 시간에 지배당한다." – 나폴레옹

성공한 사람과 그렇지 못한 사람의 가장 큰 차이는 시간 관리
다. 시간을 잘 지키는 것은 단순히 정시성(定時性, punctual)이
아니라, 자기 삶에 대한 존중이다.

애플 최고경영자 팀 쿡은 새벽 4시에 하루를 시작한다. 그는
시간을 철저히 관리하여 직원과 고객에게 신뢰를 얻고 있다.

실천 과제 : 이번 주 일정을 적고, 하루를 '가장 중요한 일 3가
지'로 먼저 채워 보라.

4) 목표를 분명히 하라

"목표가 없는 사람은 어디에도 도달하지 못한다." – 세네카

명확한 목표는 인생의 나침반과 같다. 방향 없는 노력은 에너지만 소모할 뿐, 결과를 남기지 못한다.

월트 디즈니는 '사람들에게 꿈과 희망을 주는 세계'라는 명확한 목표를 가지고 디즈니랜드를 설계했다. 그의 비전은 지금도 전 세계를 움직이고 있다.

실천 과제 : 1년 안에 반드시 이루고 싶은 목표를 SMART 기법(Specific 구체적, Measurable 측정 가능, Achievable 실행 가능, Relevant 관련성, Time-bound 기한 설정)에 맞춰 적어 보라.

5) 작은 습관을 매일 쌓아라

"성공은 위대한 일 한 번으로 이루어지지 않는다. 작은 일을 매일 꾸준히 한 결과다." - 로버트 콜리어

작은 습관은 눈에는 잘 보이지 않지만, 시간이 지나면 엄청난 차이를 만든다.

일본의 프로 야구 선수 오타니는 매일 똑같은 루틴으로 훈련을 반복했다. 그 사소한 습관이 그를 세계적인 선수로 만들었다.

실천 과제 : 하루 10분짜리 습관(독서, 운동, 감사일기 등)을 정해 30일 동안 매일 실천하라.

6) 끊임없이 배우고 성장하라

"배우기를 멈추는 순간, 죽는 순간이다." – 알버트 아인슈타인

성공은 정체가 아니라 성장이다. 배우는 자만이 세상의 변화에 적응하고, 새로운 기회를 잡는다.

빌 게이츠는 은퇴 후에도 매년 '생각 주간(Think Week)'을 갖고 새로운 분야의 책을 수십 권 읽는다. 그는 여전히 배우며 성장한다.

실천 과제 : 이번 달에 배울 새로운 주제 하나를 정하고, 관련 자료를 최소 3개 찾아서 정리해 보라.

7) 사람을 소중히 대하라

"빨리 가려면 혼자 가고, 멀리 가려면 함께 가라." – 아프리카 속담

성공은 혼자의 힘이 아니다. 관계에서 신뢰를 얻은 사람이 더 큰 기회를 잡는다.

넬슨 만델라는 감옥에서조차 경비원과 간수들에게 존중을 보냈다. 그 태도가 그를 더 큰 지도자로 만들었다.

실천 과제 : 이번 주에 감사 인사를 전하지 못한 사람 3명에게

메시지를 보내라.

8) 긍정적인 태도를 선택하라

"나는 폭풍을 두려워하지 않는다. 내 배는 항해하는 법을 배우고 있으니까." – 루이자 메이 알코트

긍정은 단순한 낙천이 아니다. 현실을 인정하면서도 기회를 보는 태도다.

위인 중의 위인이라 불리는 헬렌 켈러는 "나는 불행에 집중하지 않는다. 내가 가진 것에 감사한다"는 태도로 인생을 빛냈다.

실천 과제 : 오늘 하루 불평 대신 '감사할 수 있는 일 3가지'를 적어 보라.

9) 자기관리를 철저히 하라

"자신을 다스리는 자가 세상을 다스린다." – 공자

몸과 마음, 감정, 재정이 무너지면 어떤 성취도 오래가지 못한다. 자기관리야말로 성공을 지속 가능하게 하는 근본이다.

오바마 미국 전 대통령은 재임 중에도 매일 규칙적으로 운동했다. 그는 자기관리가 곧 에너지의 원천임을 알고 있었다.

실천 과제 : 이번 주에 '나를 위한 1시간'을 정하고, 운동과 독서, 명상 중 하나를 실천하라.

10) 사회에 기여하라

"내가 세상에서 얻은 만큼, 세상에 돌려주는 것이 성공이다."

– 앤드류 카네기

진정한 성공은 개인적 성취를 넘어 사회적 기여로 확장된다. 내가 얻은 것을 세상과 나눌 때, 성공은 더 큰 의미를 갖는다.

빌 게이츠와 워런 버핏은 기부 서약(Giving Pledge)을 통해 재산 대부분을 사회에 환원하겠다고 약속했다.

실천 과제 : 이번 달에 '작은 재능 기부나 봉사 활동' 하나를 계획하고 실천하라.

나도 언젠가부터 성공의 법칙을 흉내내기 위해 내가 재직한 직장이나 고향에 봉사를 하기 시작했다. 돈으로 기부하거나 재능기부를 하거나 내가 할 수 있는 범위 내에서 하고자 실천하고 있다.

2026년 여름에는 고향 울릉도에 육지와 가장 큰 교육 격차를 보이는 영어교육센터를 세워 공항 시대를 대비하고자 한다. 물론 영리를 목적으로 하는 것이 아니라 섬 지역 학생, 주민, 직업

군인 자녀 등을 대상으로 외국어 강화 교육 프로그램을 만들고 구체적으로 실현할 준비를 하고 있다. 이 책이 출간되고 강의가 시작될 즈음이면 보다 향상된 내용을 전할 수 있을 것 같다. 내 인생의 후반전은 즐거운 봉사와 재능 기부로 채우고 싶다. 그것이 내가 생각하는 성공 법칙을 실행하는 것이기 때문이다.

2. 성공 법칙을 만들어 실천에 집중한 대표적 사례

사례 1 : 미국 건국의 아버지 벤자민 프랭클린

벤자민 프랭클린의 성공 법칙인 '13가지 덕목(Thirteen Virtues)'과 이를 체계적으로 실천하고 개선했던 전략에 초점을 맞춰 소개한다. 이런 사례를 통해 자신의 성공 법칙을 만들어 실행하는 데 참고가 되기를 희망한다.

벤자민 프랭클린의 13가지 덕목

번호	덕목(Virtue)	의미 및 실천 목표
1	절제 (Temperance)	배불리 먹지 말고, 취하도록 마시지 마라.
2	침묵(Silence)	자신이나 타인에게 유익하지 않은 말은 하지 말며, 하찮은 대화는 피하라.
3	질서(Order)	모든 물건을 제자리에 두며, 모든 일을 정해진 시간에 하라.

4	결단(Resolution)	해야 할 일은 반드시 실행할 것을 결심하고, 결심한 것은 어김없이 실행하라.
5	절약(Frugality)	자신이나 타인에게 이익이 되는 일 외에는 돈을 쓰지 말며, 낭비하지 마라.
6	근면(Industry)	시간을 낭비하지 말고, 항상 유익한 일에 종사하며, 불필요한 행동은 모두 끊어라.
7	진실(Sincerity)	속임수를 쓰지 말고, 순수하고 공정하게 생각하라. 말할 때는 진실만을 말하라.
8	정의(Justice)	다른 사람에게 해를 주거나, 마땅히 베풀어야 할 은혜를 베풀지 않는 일을 피하라.
9	중용(Moderation)	극단적인 것을 피하라. 상대방이 잘못했을지라도 분노를 참는 것을 잊지 마라.
10	청결(Cleanliness)	몸, 의복, 집안을 불결하게 두지 마라.
11	평정(Tranquility)	사소한 일이나 흔히 일어나는 일, 또는 피할 수 없는 일로 마음의 동요를 일으키지 마라.
12	순결(Chastity)	성욕은 건강이나 자손을 위한 목적 외에는 절제하며, 명성이나 자기 또는 타인의 평화를 해치지 마라.
13	겸손(Humility)	예수와 소크라테스를 본받아라.(가장 나중에 추가함.)

프랭클린의 실천 전략은 '인생을 건 실험(Life Experiment)'이라고 불릴 만큼 체계적이었으며, 이는 실행에 실패하는 주된 이유(과부하, 불명확성)를 극복하는 방안이었다.

① 실천 전략의 핵심 : '한 번에 하나씩' 집중(Selective Focus)
프랭클린은 13가지 덕목을 한 번에 모두 완벽하게 실천하려

하지 않았다. 이것이 바로 가장 중요한 성공 요인이었다.

순환 주기 설정 : 13가지 덕목을 순서대로 배열하고, 매주 하나의 덕목에만 집중했다.

13주 완성 주기 : 13주가 지나면 다시 첫 번째 덕목으로 돌아와 일 년에 4번 전 과정을 반복했다.

목표 : 매주 하나의 덕목을 습관화하는 데 전력을 다하여, 13주 후에는 13가지 덕목이 모두 자신의 성품에 내재되도록 하는 것이 목표였다.

② 실행 도구 : 덕목 추적표(Virtues Tracking Chart)

그는 자신의 행동을 매일 시각적으로 기록하고 추적하는 도구를 만들었다.

추적표 구성 : 세로축에는 13가지 덕목을 나열하고, 가로축에는 월요일부터 일요일까지 7일을 표시했다.

그가 매주 집중하는 해당 덕목 칸에는 표시하지 않고, 나머지 12가지 덕목을 위반했을 때만 해당 칸에 '검은 점(Black Spot)'을 찍었다.

작동 방식 : 집중 주간에는 해당 덕목에 대한 자신의 결점을 명확히 확인하고 줄이는 데 몰두했다. 점의 개수가 줄어드는 것을 보며 성취감과 동기를 얻었고, 이는 피드백 루프를 만들어 지속적인 개선을 가능하게 했다.

③ 1일 계획 및 성찰(Daily Routine & Review)

덕목 추적과 함께, 그는 엄격한 1일 루틴을 통해 시간 관리와 성찰을 병행했다.

시간대	활동(Action)	목적(Purpose)
05:00~07:00	기상, 계획 짜기, "오늘 내가 해야 할 좋은 일은 무엇인가?" 질문, 목욕, 기도	덕목 '질서', '결단' 실천 및 하루의 방향 설정
07:00~12:00	업무 처리	덕목 '근면', '절약' 실천
12:00~14:00	식사, 장부 정리, 독서	재정 관리 및 지식 습득.
14:00~17:00	업무 처리	덕목 '근면', '절약' 실천
17:00~22:00	정리정돈, 저녁 식사, 음악, 대화.	덕목 '청결', '침묵', '정의' 실천
22:00~23:00	취침 전 "오늘 하루 동안 내가 저지른 실수는 무엇인가?" 성찰 및 추적표 기록	덕목 '평정', '겸손' 실천 및 자기 반성

이러한 '체계적인 시스템(System)'은 그가 의지력(Willpower)에만 의존하지 않고, 명확한 계획과 추적을 통해 실행력을 지속할 수 있었던 비결이었다.

사례 2 : 이나모리 가즈오(稻盛和夫)–교세라 창업자, KDDI 창업자, 일본항공(JAL)을 회생시킨 경영자

이나모리 가즈오는 단순히 사업적 성공을 넘어, 개인의 삶과 일의 성공을 결정하는 핵심 요소를 수학 공식처럼 명쾌하게 정의하고, 그 근간이 되는 철학을 제시했다.

① 인생 성공과 일의 결과 공식(인생의 방정식)

성과(結果)＝능력(能力)×열정(熱意)×사고방식(思考考方)

능력(0~100점) : 선천적인 재능이나 지식을 의미한다.

열정(0~100점) : 노력하고자 하는 의욕과 끈기를 의미한다.

사고방식(−100~＋100점) : 가장 중요한 요소로, 세상을 바라보는 태도, 윤리관, 도덕성, 긍정적인 마음가짐

핵심 원칙 : 아무리 능력과 열정이 뛰어나도 이기적이거나 부정적인 사고방식(마이너스)이 곱해지면 전체 성과가 마이너스로 추락할 수 있음을 강조한다. 즉, 이타적이고 올바른 마음가짐이 성공의 궁극적인 방향타라는 것이다.

② 경영의 원리원칙(교세라 철학)

모든 판단의 기준을 '인간으로서 올바른가?'에 두는 단순하고 명쾌한 원칙을 세웠다. 이는 사심을 버리고 공익과 이타심을 바탕으로 행동하라는 철학이며, 이 원칙을 전 직원이 공유하고 실천하도록 유도했다.

프랭클린이 개인적인 덕목 추적표를 사용했다면, 이나모리는

조직 전체의 실행력과 동기를 관리하는 시스템을 구축했다.

③ 아메바 경영(Amoeba Management) 시스템

조직 전체에 경영자 의식을 심고 전원 참가 경영을 실현하기 위한 독특한 조직 운영 방식이다.

조직의 분할 : 회사를 5~10명 규모의 작은 조직인 '아메바'로 세분화했다.

독립채산제 운영 : 각 아메바는 마치 하나의 작은 회사처럼 독립채산제로 운영되며, 스스로 계획을 세우고, 이익을 창출할 책임을 진다.

핵심 지표 : 아메바 경영의 핵심은 '시간당 채산성'을 명확히 파악하고 높이는 것이다(매출 최대, 경비 최소).

경영자 인재 육성 : 아메바 리더는 작은 경영자 역할을 수행하며 책임감과 판단력을 기른다.

전원 참가 경영 : 모든 직원이 자신의 업무가 회사의 수익에 어떻게 기여하는지 한눈에 알게 되어, 주인 의식과 동기 부여가 극대화된다.

④ 일상 실천 : 강한 소망과 매일의 반성

시스템 외적으로 아나모리는 개인적 차원에서 성공 법칙을 실행하는 태도를 강조했다.

잠재의식까지 스며드는 강한 소망 : 목표를 현실로 만들 수

있을 만큼 강하고 지속적으로 소망하고 상상해야 한다고 강조
했다.

누구에게도 지지 않는 노력 : 전적으로 현재에 몰두하고, 일에 대한 사랑과 열정을 통해 끊임없이 작은 노력을 쌓아가는 근면성을 강조했다.

매일의 반성 : 매일 자신의 행동과 사고방식을 되돌아보고(1일 반성), 잘못된 점을 바로잡아 인격을 수양하는 과정을 게을리하지 않았다. 이는 부정적인 사고방식이 자리 잡지 않도록 자신을 정화하는 프랭클린의 '덕목 추적'과 유사한 개념이다.

이나모리 가즈오의 방식은 '마음을 갈고닦아 올바른 사고방식을 갖는 것'을 모든 성공의 출발점으로 보고, 이를 '아메바 경영'이라는 구체적인 시스템을 통해 조직 전체에 체화시킨 성공 전략이다.

이 두 사례를 정리하면, 성공 법칙은 추상적 이론이 아니라 삶 속에서 매일 실천할 수 있는 행동 원리다. 자기 존중에서 출발하여 실패를 받아들이고, 시간을 잘 지키며, 목표를 세우고, 습관을 쌓아 나간다. 배움, 관계, 긍정, 자기관리, 사회적 기여가 더해질 때, 비로소 내가 꿈꾸는 성공에 가까워지게 된다는 것이다.

시기별로 다르게 적용한 성공 법칙 15

인생에도 4계절이 있다. 인생의 시기별 성공 법칙을 초년, 중년, 노년 시기에 맞춰 시기별로 더 필요한 내용을 재정리했다.

초년(10~30대)

1) 자기 자신을 소중히 사랑하라.

　　자기 자신은 지구상에 하나밖에 없기 때문에 누구나 반드시 해야 할 의무사항이다. 그 누구와 비교해서도 안 되고, 있는 그대로를 인정하고 사랑하는 것이 자신에 대한 예의다.

2) 실패나 좌절은 성공의 한 과정으로 인식하라.

　　실패나 좌절은 누구에게나 찾아온다. 이를 통해 배우고 성장하는 자세를 갖는 것이 중요하며, 실패를 두려워하지 않고 다시 도전하는 용기는 성공의 밑거름이 된다.

3) 콤플렉스를 인생의 지렛대로 활용하라.

　　누구에게나 콤플렉스가 있다. 이를 극복하기 위해 노력하고 자신의 강점으로 승화시킨다면 오히려 큰 성공을 이룰 수 있다.

4) 배움에 대한 끊임없는 갈망을 가져라.

초년은 지식과 경험을 쌓는 데 가장 중요한 시기다. 빠르게 변화하는 세상에서 성공하기 위해서는 끊임없이 배우고 새로운 것을 받아들이는 자세가 필요하다. 다양한 분야에 대한 호기심을 갖고 독서, 강연, 멘토링 등을 통해 꾸준히 학습해야 한다. 배움에 대한 갈망은 개인의 역량을 강화하고 새로운 기회를 창출하는 원동력이 된다. 콤플렉스는 자신을 발전시키는 동기가 될 수 있다.

5) 인간관계 형성에 힘써라.

초년 시절부터 좋은 인간관계를 형성하는 것은 매우 중요하다. 다양한 사람과 교류하고 협력하며 서로에게 긍정적인 영향을 주는 관계를 만들어야 한다. 좋은 인간관계는 정보, 기회, 도움을 제공하며, 어려움을 극복하는 데 큰 힘이 된다. 또한, 인간관계는 개인의 사회성을 향상시키고 리더십을 개발하는 데 도움이 된다.

중년(40~60대)

1) 배우자를 챙겨라.

중년은 배우자와 함께 인생의 황혼기를 준비하는 시기다. 서로 존중하고 배려하며 함께 취미 생활을 즐기는 등 행복한 노후를 위한 기반을 다져야 한다.

2) 건강관리를 체계화하라.

중년은 신체적 변화가 나타나기 시작하는 시기다. 규칙적인 운동, 건강한 식습관, 충분한 수면 등을 통해 건강을 유지하고 질병을 예방해야 한다.

3) 하늘도 돕는 자가 되라.

중년은 사회적 책임감이 커지는 시기로, 성실하게 살며 주변 사람들에게 선한 영향력을 행사하고 덕을 쌓아 나가야 한다.

4) 새로운 배움과 도전을 멈추지 마라.

중년은 쌓아 온 경험과 지혜를 바탕으로 새로운 분야에 도전하고 성장할 수 있는 최적의 시기다. 변화하는 시대에 발맞춰 끊임없이 학습하고 새로운 기술을 습득해야 한다. 새로운 배움은 삶의 활력을 불어넣고 제2의 인생을 설계하는 데 도움이 된다.

5) 사회적 관계를 확장하고 유지하라.

가족, 친구, 동료와의 관계를 돈독히 하고 새로운 인맥을 형성해야 한다. 사회적 관계는 정서적 안정감을 제공하고 정보와 기회를 얻는 데 도움이 되며, 사회에 기여하고 봉사하는 활동을 통해 보람을 느낄 수 있다.

장년(70대 이후)

1) 더 너그러워져라.

노년기에는 삶의 경험을 통해 얻은 지혜를 바탕으로 젊은 세대를 이해하고 포용하는 너그러운 마음을 갖는 것이 중요하다.

2) 항상 감사하라.

작은 것에도 감사하는 마음은 삶의 행복을 증진시키는 중요한 요소다. 매일 감사한 일을 기록하거나 주변 사람들에게 감사의 마음을 표현하는 습관을 가져야 하다.

3) 절약하지 마라.

노년기에는 젊었을 때처럼 돈을 모으는 것보다 자신과 주변을 위해 쓰는 것이 중요하다. 여행, 문화생활, 취미활동 등 자신을 위한 투자를 아끼지 마라. 필요하면 밥값도 내주고, 젊은 사람들의 실수에 더 관대해지고, 더 지출하라. 노인의 지출은 낭비가 아니라 자기 성공의 확인이다.

4) 새로운 취미나 관심사를 개발하라.

노년기는 새로운 것을 배우고 즐기기에 충분한 시간을 가질 수 있는 시기다. 새로운 취미나 관심사를 개발하는 것은 삶에 활력을 불어넣고 정신 건강을 유지하는 데 도움이 된다. 그림 그리기, 악기 연주, 글쓰기, 봉사활동 등 다양한 활동을 통해 새로운 즐거움을 찾고 삶의 만족도를 높일 수 있다.

5) 가족 및 친구들과의 관계를 더욱 돈독히 하라.

노년기에는 사회적 관계가 더욱 중요해진다. 가족, 친구들과 자주 소통하고 함께 시간을 보내며 서로에게 힘이 되어 주는 것이 중요하다. 따뜻한 인간관계는 외로움을 극복하고 행복한 노년을 보내는 데 필수적이다. 손자녀들과 시간을 보내고, 친구들과 여행을 가거나 취미 활동을 함께 하는 등 적극적으로 관계를 유지해야 한다.

3. 나만의 성공 법칙이 있는 사람과 없는 사람의 차이 10가지

1) 자기 인식

자신의 가치를 이해하고 결점까지 있는 그대로 받아들인

다./남의 인정에 의존하며 자신의 단점이나 부족함을 감추려 한다.

2) 목표 설정

명확하고 구체적인 목표를 스스로 설정하고, 장기적인 성장을 지향한다./목표가 불분명하거나, 주변 환경이나 타인이 정해 준 목표에 수동적으로 따른다.

3) 태도와 관점

환경 탓을 줄이고 '내가 바꿀 수 있는 것'에 집중하는 주도적인 태도를 가진다./외부 환경이나 남 탓을 하며 상황이 바뀌기만을 기다리는 수동적 태도를 가진다.

4) 실패와 책임

실패하더라도 모든 결과에 대한 책임을 기꺼이 지고, 이를 성장의 기회로 삼는다./실패의 책임을 회피하거나 전가하며, 자책하거나 좌절에 빠지기 쉽는다.

5) 대인 관계

자신을 존중하므로 무례함, 감정적 조종 등을 용납하지 않으며, 신뢰를 중시한다./타인의 비판이나 무례함에 쉽게 상처받거나, 인정을 얻기 위해 자신을 희생한다.

6) 루틴 및 습관

자신의 성공 법칙에 따라 일정한 루틴을 스스로 정하고 지키며 자기 통제력이 높다./일정이나 시간을 수동적으로 따르거나, 충동적인 행동으로 비효율적인 시간을 보낸다.

7) 비교 심리

타인과 자신을 비교하기보다 자신의 강점과 성장에 집중하며 감사하는 마음을 실천한다./자신을 타인과 비교하며 시기심이나 열등감을 느끼고, 자존감이 낮다.

8) 결정력

작은 결정이라도 스스로 선택하고 확신을 가지고 행동한다./선택을 망설이거나 결정을 미루며, 타인의 의견에 쉽게 흔들린다.

9) 성장 방식

현재 상태를 인정하고 조금씩 개선해 나가는 점진적인 성장을 시도한다./완벽함을 추구하며 자신의 단점을 숨기려 하고, 노력이 부족하면 쉽게 포기한다.

10) 감정 다루기

자신의 감정을 이해하고 표현해도 된다는 것을 알며, 정서적

궁핍을 느끼지 않는다./감정에 과민반응하거나 억압하며, 타인
의 감정적 지지 부족에 취약하다.

4. 성공 법칙 실행에 실패하는 4가지 주된 이유

1) 거창한 목표 및 완벽주의

성공 법칙이나 계획이 너무 거창하고, 한 번에 많은 것을 바
꾸려 하거나, 모든 것을 완벽하게 해내려 할 때 실패하기 쉽다.
계획이 너무 크면 어디서부터 시작해야 할지 막막해지고, 작은
실수에도 '실패했다'고 단정지으며 전체를 포기하게 된다. '작은
승리'를 경험하기 어려워 동기 부여가 빠르게 소실된다.

2) 추상적인 목표와 불명확한 행동 지침

성공 법칙이 '열심히 노력한다', '긍정적으로 생각한다' 등과
같이 막연하고 구체적인 행동 단계로 이어지지 않을 때 실행력
을 잃는다. '열심히 노력한다'는 언제, 어디서, 무엇을 얼마나 해
야 하는지에 대한 명확한 답을 주지 못한다. 명확성이 없으면
행동으로 전환하기 어렵고, 환경 변화나 스트레스 상황에서 쉽
게 우선순위에서 밀려난다.

3) 효과는 나중, 유혹은 즉각적이고 일상의 위험

인간의 뇌는 즉각적인 보상을 선호하지만, 성공을 위한 행동 (운동, 공부, 절약)은 보통 장기적이고 지연된 보상을 가져온다. 이 '보상의 시간차(Gap)'를 견디지 못하고 단기적인 만족을 주는 활동으로 회피한다.

20분간 운동하는 것보다 소셜 미디어를 확인하는 것이 뇌에 더 빠르고 쉬운 도파민(보상 물질)을 제공한다. 장기적인 목표를 위해 현재의 고통이나 불편함을 감수하는 능력(만족 지연 능력) 이 약해지면서 실행이 중단된다.

4) 작심삼일(作心三日)로 와르르

처음부터 의지가 대단한 사람은 드물다. 나름 실행 계획을 세워 3일 정도는 열심히 하다가 현실의 유혹과 훼방에 조금씩 무너지는 경우가 많다. 이른바 작심삼일의 효과로 대부분 '나는 도저히 안돼'라는 심리적 좌절을 경험하게 된다.

3일간이나마 열심히 노력한 자신을 대견하게 여기고 무너진 후 다시 3일짜리 계획을 세워 노력하는 정신이 중요하다. 끊임없는 자신과의 투쟁이 쉽지 않지만, 이런 요인들이 많은 도전자들을 제풀에 무너지게 한다. 그렇다면 어떻게 도전정신, 도전근육을 키워 나갈 수 있을까?

5. 실행력을 키우는 4가지 방안

1) '아주 작은 습관' 전략 도입

계획을 줄여서 실패할 수 없을 만큼 작게 만들어 완벽함 대신 지속성에 초점을 맞춘다.

2분 규칙 활용 : 어떤 행동이든 2분 안에 시작할 수 있도록 단순화한다. (매일 30분 책 읽기→책 한 페이지 읽기)

습관 쌓기(Habit Stacking) : 이미 한 행동 직후에 새로운 작은 습관을 붙인다. (아침 커피를 내린 직후 스트레칭 5회 하기) 이렇게 하면 시작할 때의 저항이 줄어든다.

2) '만약…'의 경우 계획 수립

추상적인 목표를 특정 시간, 장소, 행동과 연결하여 구체화하고, 장애물 발생 시의 대응책을 미리 설정한다.

명확성 확보 : 목표를 언제(Time), 어디서(Place), 무엇을(Action) 할지 명확하게 세운다. (매일 아침 7시, 식탁에 앉아 영어 단어 10개 외우기)

장애물 대비 : 실패의 원인이 될 상황에 대한 대응책을 미리 만든다. (만약 퇴근 후 피곤해서 운동하기 싫다면, 옷을 갈아입자마자 5분만 제자리 걷기를 한다.)

3) 단기적 보상 및 진행 상황 시각화

장기 목표의 지루함을 극복하고 동기를 유지하기 위해 즉각적인 보상 시스템을 만들고, 진행 상황을 눈으로 확인할 수 있게 만든다.

습관 추적기(Tracker) 활용 : 달력이나 앱에 실행한 날은 X표나 스티커로 표시한다. 성취의 연속적인 시각화는 다음 행동을 유도하는 강력한 동기가 된다.

소규모 보상 설계 : 작은 목표를 달성할 때마다 즉각적인 보상을 제공한다. (5일 연속 운동 성공 시, 평소 좋아하는 간식 허용 또는 새로운 운동복 구입) 이때 보상은 목표 달성을 해치지 않는 선이어야 한다.

4) 좋은 멘토 만들기

긍정적 힘을 주는 멘토의 칭찬은 더 노력할 동기 부여가 된다. 멘토가 거창하고 반드시 훌륭한 사람일 필요는 없다. 나에게 힘이 되어 주는 믿을 수 있는 사람이면 누구든 가능하고 언제든 바꿀 수 있다. 성공한 사람도 나약한 인간이기 때문에 좌절과 실패 속에 멘토나 친구의 응원, 격려를 받으며 헤쳐나온 경우가 많다.

제5장
목표 설정과 비전

1. 왜 목표와 비전이 중요한가?

많은 사람이 열심히 살지만, 원하는 결과를 얻지 못한다. 이유는 단순하다. 목표가 없기 때문이다. 목표가 없는 삶은 나침반 없는 배와 같다. 어디로 흘러갈지 알 수 없고, 결국은 바람 부는 대로 떠밀린다. 성공하는 사람은 모두 명확한 목표를 가지고 있다. 그 목표는 매일의 행동을 결정하고, 위기 속에서도 방향을 지켜 주는 힘이 된다.

2. SMART 목표 기법

성공적인 목표는 단순한 바람이나 희망이 아니라, SMART 원칙에 맞게 구체화되어야 한다.

SMART 원칙

S(Specific) : 구체적이어야 한다.

M(Measurable) : 측정 가능해야 한다.

A(Achievable) : 달성 가능해야 한다.

R(Relevant) : 나의 삶과 관련성이 있어야 한다.

T(Time-bound) : 기한이 명확해야 한다.

실천 과제 : 지금 떠오르는 '올해의 가장 큰 목표 1가지'를 SMART 기준에 맞춰 다시 적어 보라.

3. 장기 목표 vs 단기 목표의 균형

목표는 두 가지 층위로 세워야 한다.

장기 목표 : 인생의 큰 그림, 5년, 10년 단위의 비전

단기 목표 : 지금 당장 실행 가능한 1주, 1개월 단위의 목표

장기 목표만 있으면 막연하다. 단기 목표만 있으면 방향이 없다.

성공은 장기와 단기의 균형에서 만들어진다.

사례

스티브 잡스의 장기 목표 : '세상을 바꾸는 도구를 만들겠다'

그는 이를 위해 단기 목표를 수없이 세웠다.

'더 직관적인 사용자 인터페이스 만들기'

'더 가볍고 예쁜 디자인 적용하기'

이 작은 목표들이 모여, 결국 '아이폰'이라는 혁신으로 이어졌다.

실천 과제 : 10년 뒤 이루고 싶은 장기 목표 1가지를 적어라.

그 목표로 가기 위한 1년 안의 단기 목표 3가지를 적어 보라.

각 단기 목표를 이번 달에 시작할 수 있는 하루 행동 1가지로 쪼개 보라.

나의 사례

장기 목표 : 2028년 공항 시대를 맞아 울릉도에서 외국인이 불편함이 없도록 섬마을 사람들이 영어로 기본 소통을 할 수 있게 하는 것.

단기 목표 : 2026년 울릉도에 영어학습센터를 열어 공무원, 학생, 관광 종사자들에게 영어 교육 실시. 이를 위해 군청, 군부대, 교육청 등과 협의하여 자발적 협조를 이끌어 내는 것.

4. 삶의 비전 선언문 작성

목표는 '해야 할 일'이고, 비전은 '내가 어떤 사람이 되고 싶은가'에 관한 것이며, 비전 선언문은 '나의 삶을 이끄는 등대 역할'

을 한다.

비전 선언문 작성 3단계

내가 중요하게 여기는 가치 3가지 적는다.

(예 : 가족, 성실, 창의성)

내가 되고 싶은 모습을 구체적으로 적는다.

(예 : 가족과 행복을 나누는 따뜻한 리더)

이 두 가지를 합쳐 한 문장으로 선언한다.

비전 선언문 예시

"나는 평생 배우고 성장하며, 가족과 사회에 기여하는 사람으로 살아간다."

"나는 건강과 성실을 바탕으로, 많은 이들에게 긍정적 영향을 주는 리더가 된다."

나의 비전 선언문

"나는 평생 배우는 자세로 공항 시대를 맞아 고향에 외국인들이 방문했을 때 영어에 불편함을 느끼지 않도록 돕고 아름다운 천혜의 섬, 고향 발전에 기여하는 사람으로 살아간다."

실천 과제 : 오늘 시간을 내어 '나의 비전 선언문'을 작성하라. 그리고 눈에 보이는 곳에 붙여 놓고 매일 읽어라.

오늘부터 목표와 비전을 적어 보고, 매일 확인하라. 그것이 당신의 인생을 성공으로 이끄는 첫걸음이다.

목표와 비전 설정을 위한 5가지 고려 요소

1) 가치(Value)

내가 진짜 중요하게 생각하는 삶의 원칙은 무엇인가?

돈, 명예, 자유, 가족, 성장, 사회 기여 등 여러 가치 중에서 우선순위를 명확히 해야 한다.

가치와 불일치하는 목표는 동기 부여가 약해진다.

2) 강점(Strength)

내가 잘하는 것, 좋아하는 것, 그리고 타인이 인정하는 능력은 무엇인가?

강점 기반의 목표는 성취 가능성이 크고 몰입도도 높다.

스스로의 재능과 성향을 고려하지 않은 목표는 쉽게 지치게 만든다.

3) 열정(Passion)

내가 시간을 잊고 몰입할 수 있는 일은 무엇인가?

어려움이 있어도 끝까지 해낼 수 있는 원동력은 열정에서 나온다.

비전은 현실적 제약 속에서도 '내가 왜 이 길을 가야 하는지'를 설명할 수 있어야 한다.

4) 현실성(Reality / Resource)

지금 내 위치, 환경, 자원(시간, 돈, 인맥 등)을 냉정히 파악해야 한다.

이상적 비전과 현실적 조건 사이의 균형이 필요하다.

비현실적인 목표는 좌절을 낳고, 지나치게 낮은 목표는 성장을 가로막는다.

5) 영향력(Impact)

이 목표가 나만을 위한 것인가, 아니면 가족, 사회, 세상에 어떤 긍정적 영향을 줄 수 있는가?

비전은 '나'를 넘어서 '우리'에 의미를 줄 때 더 강력해지고 오래 지속된다.

타인에게 기여하는 비전일수록 성취 동기가 오래 유지된다.

목표 없는 삶은 나침반 없는 항해와 같다.
SMART 목표를 세워야 실현 가능성이 높아진다.
장기 목표와 단기 목표의 균형이 필요하다.
삶의 비전 선언문은 나의 행동을 히니로 모이 주는 중심축이다.

제6장
스피치 커뮤니케이션

말 잘하는 사람이 성공한다. 인간은 언어농불로 살아가기 때문에 언어를 통해 서로 교감하고 판단한다. 사적인 자리든 공식적인 자리든 일단 말이 첫 판단 기준이 된다.

그다음은 행동을 보면 알게 된다. 말을 잘한다는 의미는 물론 매끈하게 논리적으로 표현을 잘하는 것을 의미할 수 있다.

그러나 소통이 잘 된다면 문제없다. 인간의 언어는 때로 이중적이고 함축적이고 상징적이어서 오해의 소지도 많다. 오해는 소통을 왜곡시키기도 한다.

여기서는 스피치 커뮤니케이션에 집중하여 정리해 본다.
스피치 커뮤니케이션을 잘하려면 무엇을 어떻게 해야 할까?

1. 스피치 기본 구성 요소 5가지

TPO(Time, Place, Occasion), 제스처, 언어 구사력, 청중과의 상호작용, 그리고 발표자의 자신감이다.

1) TPO(Time, Place, Occasion)

스피치의 시간, 장소, 상황은 매우 중요하다. 언제 어디서 어떤 목적으로 스피치를 하는지에 따라 내용과 방식이 달라질 수 있기 때문이다. 예를 들어 공식적인 회의나 행사에서는 정중하고 진지한 톤으로 스피치를 해야 하며, 친근한 모임이나 파티에서는 가볍고 유쾌한 톤으로 스피치할 수 있다.

2) 제스처

제스처는 스피치의 전달력을 높이는 데 중요한 요소다. 적절한 제스처를 사용하면 청중의 관심을 끌고, 스피치의 내용을 더욱 효과적으로 전달할 수 있다. 손동작, 몸동작, 표정 등을 적절히 활용하여 청중의 시선을 끌고, 강조하고자 하는 부분을 더욱 부각시킬 수 있다.

3) 언어 구사력

언어 구사력은 스피치의 핵심 요소 중 하나다. 명확하고 간결한 문장을 사용하고, 적절한 어휘와 표현을 사용하여 청중에게 명확하게 전달하는 것이 중요하다. 발음과 억양도 중요한데, 정확한 발음과 적절한 억양을 사용하여 청중에게 명확하게 전달하는 것이 중요하다.

4) 청중과의 상호작용

청중과의 상호작용은 스피치 효과를 높이는 데 중요한 요소다. 청중의 반응을 살피고, 질문이나 의견에 적극적으로 대응하며, 청중과의 소통을 통해 스피치 효과를 높일 수 있다.

5) 발표자의 자신감

발표자의 자신감은 청중에게 신뢰감을 주고, 스피치의 전달력을 높이는 데 큰 역할을 한다. 자신감 있는 태도와 목소리로 청중에게 믿음을 줄 수 있다.

2. 스피치 능력 키우기 5가지

1) 글쓰기

글쓰기는 스피치의 핵심 요소인 언어 구사력을 향상시키는 데 도움이 된다. 명확하고 간결한 문장을 사용하고 적절한 어휘와 표현을 사용하여 자신의 생각을 체계적으로 정리하고 표현하는 연습을 할 수 있다.

2) 논리력 키우기

논리력을 키우면 주장을 뒷받침하는 근거를 제시하고, 이를 논리적으로 배열하는 능력을 향상시킬 수 있으며, 이를 통해 설득력 있는 스피치를 할 수 있다.

3) 통계 활용하기

통계를 활용하면 주장을 더욱 신뢰성 있게 만들 수 있다. 객관적인 데이터를 제시함으로써 청중의 신뢰를 얻을 수 있으며, 주장의 타당성을 입증할 수 있다.

4) 메모 활용하기

메모를 활용하면 스피치 내용을 체계적으로 정리하고 기억하는 데 도움이 된다. 중요한 포인트나 인용구 등을 미리 메모해 두고, 이를 참고하여 스피치를 구성하면 더욱 완성도 높은 스피치를 할 수 있다.

5) 토론 및 피드백

다른 사람들과 토론하고 피드백을 받는 것은 스피치 능력을 향상시키는 데 매우 유용하다. 다른 사람들의 의견을 듣고 자신의 생각을 발전시킬 수 있으며, 자신의 스피치에 대한 피드백을 받아 개선할 수 있다.

3. 스피치 달인 사례 : 법륜, 유시민, 황창연

각자 좋아하기도 하고 싫어할 수도 있지만 법륜 스님, 유시민 작가, 황창연 신부는 분야도 종교, 정치, 사회 등으로 달라 보이지만, 몇 가지 공통점을 찾을 수 있다. 스피치 전문가라는 관점에서 대표적으로 5가지를 꼽아 보겠다.

1) 쉽고 대중적인 언어 사용

어려운 종교적·철학적·정치적 내용을 일반인도 이해하기 쉽게 풀어내는 특징이 있다.

2) 사회 현안에 대한 의견 제시

종교 지도자임에도 현실 문제(정치, 경제, 청년, 삶의 고민 등)에 적극적으로 발언하며, 대중이 현실 속에서 적용할 수 있도록 한다.

3) 논쟁적 · 화제성 인물

세 사람의 발언이 언론과 온라인에서 논쟁을 일으킨 적이 많고, 지지와 비판이 동시에 따른다.

4) 강한 개인 브랜드

'즉문즉설(법륜)'과 '알쓸신잡, 저서(유시민)', 그리고 '에너지가 넘치는 강의(황창연)' 등 각자 독특한 자기만의 스타일로 이름을 각인시켰다.

이 세 사람은 지식과 신념을 바탕으로 대중에게 말하고, 쉽게 풀어 설명하며, 현실 문제에 적극 개입하는 강연자형 지식인/종교인이라는 공통점이 있다.

이들이 말을 잘하게 된 공통점 5가지

1) 다양한 독서

종교 경전, 역사서, 사회과학, 문학 등 다양한 책을 읽으며 지식과 어휘력을 쌓아 왔다.

2) 수많은 역경과 경험

법륜 스님은 출가 수행과 사회운동, 유시민은 정치활동과 개인적 굴곡, 황창연 신부는 종교적 사명과 생활 속 어려움 등을 겪으며 삶을 통해 배운 깊이가 말에 담겨 있다.

3) 끊임없는 현장 소통

대중 강연, 설법, 방송, 토론 등에서 사람들의 질문과 반응을 경험하며 말하기 기술을 계속 다듬어 왔다.

4) 명확한 사고와 정리 능력

　　복잡한 주제를 단순화하고 핵심을 찌르는 사고 훈련을 지속하

　　면서, 누구나 이해할 수 있는 언어로 풀어 낼 수 있게 되었다.

5) 자신만의 철학과 신념

　　단순히 말솜씨가 아니라, 삶과 세상에 대한 분명한 관점이

　　있기 때문에 말이 힘을 얻고 설득력을 가진다.

4. 오해를 부르는 위험한 화법 5가지

1) 일반화의 함정

"너희 세대는 다 그렇다", "여자들은 원래…"처럼 특정 집단
이나 상황을 뭉뚱그려 말하면 반발심과 오해를 불러온다.

2) 단정적 · 확정적 표현

"이건 무조건 틀렸어", "내 말이 맞아"처럼 여지를 주지 않는
단정적 말투는 상대를 무시하는 뉘앙스로 들릴 수 있다.

3) 비꼼 · 풍자적 표현

가볍게 농담처럼 던져도 '비난'으로 받아들여질 수 있고, 의도

하지 않았지만 감정을 상하게 할 수도 있다.

4) 애매모호한 말

"그냥 대충 알아서 해", "적당히 하면 돼" 같은 불명확한 표현은 상대방을 혼란스럽게 하고 잘못된 해석을 낳을 수 있다.

5) 비교하는 화법

"다른 사람은 잘만 하던데 왜 너는 못하니?" 같은 비교 발언은 동기 부여보다는 열등감과 반감을 불러일으킨다.

결국, 오해를 부르는 화법의 공통점은 상대의 자존심을 건드리거나, 불필요하게 모호하거나, 배려가 없다는 것이다.

오해를 줄이고 신뢰를 키우는 화법

1) 구체적으로 말하기

"내일까지 보고서 보내 주세요"처럼 시기, 방법, 기준을 명확히 표현하면 혼란이 줄어든다.

2) 나 전달법(I-message)

"네가 틀렸어" 대신 "나는 이렇게 느껴지는데…"라고 말하면 비난이 아니라 공유로 들려 상대가 방어적으로 반응하지 않는다.

3) 적극적 경청 후 확인

"제가 이해한 게 맞는지 확인하고 싶은데…"라며 상대의 말을 요약·반복해 주는 방식은 불필요한 오해를 줄일 수 있다.

4) 공감 표현 포함하기

"그럴 수 있겠다", "힘들었겠네"처럼 감정을 인정해 주면 신뢰와 연결감이 생긴다.

5) 여지와 존중을 남기는 말투

"제 생각은 이렇지만 다른 의견도 궁금해요"처럼 열린 태도로 말하면 대화가 협력적으로 흘러간다.

핵심은 명확함 + 존중 + 공감이다.

제7장
습관과 자기관리

1. 성공은 습관에서 시작된다

"사람은 반복하는 것의 총합이다. 탁월함은 행동이 아니라 습관이다." - 아리스토텔레스

성공과 실패를 가르는 가장 큰 차이는 거대한 결심이 아니라 작은 습관이다. 습관은 우리 삶을 자동화한다. 성실한 사람과 게으른 사람, 무엇인가 노력하는 사람과 그렇지 않은 사람은 1년, 5년 뒤 전혀 다른 삶을 살게 된다.

습관은 '보이지 않는 씨앗'과 같다. 오늘은 티가 나지 않아도, 쌓이고 쌓여 내일의 결과를 만든다.
오늘의 작은 좋은 습관이 내일의 성공한 나를 만든다.

2. 작은 습관의 힘(Atomic Habits)

제임스 클리어의 *"The Atomic Habits"*에서 강조하는 것은 작은 습관이 모여 큰 변화를 만든다는 것이다.

매일 1% 성장→1년 뒤 37배 발전

매일 1% 퇴보→1년 뒤 거의 0에 가까움

좋은 습관은 이 과정을 강화하고, 나쁜 습관은 끊어야 한다.

너무나 당연한 말이지만 좋은 습관은 만들기 어렵고, 나쁜 습관은 재미있거나 편해서 쉽게 뿌리치지 못한다. 성공한 사람들은 당연한 것을 당연하게 한다. 그러나 사회 루저들은 그렇지 않다.

실천 과제

내가 만들고 싶은 좋은 습관 1가지를 선택하라.

그 습관을 1분 안에 실행할 수 있는 최소 행동으로 쪼개라.

오늘 바로 실행하고, 성취 기록을 남겨라.

3. 시간 관리 vs 에너지 관리

성공하는 사람은 단순히 시간을 관리하는 것이 아니라, 에너지를 관리한다.

1) 시간 관리 기본 원칙

우선순위 설정(파레토 법칙 80/20) : 성과의 80%는 20% 핵심 행동에서 나온다.

할 일 줄이기 : 바쁜 것이 곧 생산적인 것은 아니다.

블록 타임 : 집중이 필요한 일을 한 덩어리 시간에 몰입해서 처리한다.

2) 에너지 관리 원칙

시간 관리는 궁극적으로 나의 에너지를 효율적으로 관리하는 데 필수적이다.

신체적 에너지 : 규칙적인 수면, 운동, 식습관을 통해 신체 에너지를 최상의 컨디션으로 만든다.

정신적 에너지 : 명상, 독서, 기록, 쉼 등을 통해 정신적으로 건강성을 유지한다.

정서적 에너지 : 긍정적인 관계, 감사 습관 등으로 정서적 안정감을 관리한다.

의지적 에너지 : 중요한 일은 아침이나 에너지가 최고조일 때 실행하여 집중력을 높인다.

워런 버핏은 수많은 제안을 받지만 '진짜 중요한 몇 가지 일'에만 에너지를 집중했다. 그 결과, 그는 평생 집중력과 꾸준함으로 세계적인 성취를 이뤘다.

실천 과제

오늘 꼭 해야 할 가장 중요한 일 1가지를 적고, 오전 중에 실행하라.

매일 에너지를 채우는 습관 1가지를 기록하라. (산책, 독서 등)

4. 습관과 자기관리의 종합 전략

작은 습관으로 시작하라→하루 1분, 1페이지, 1동작

기록하라→일기, 체크리스트, 달력, 앱 활용

나쁜 습관은 방해물을 두어라→스마트폰 알림 끄기, 유혹 차단

시간과 에너지 모두 관리하라→시간표만이 아니라 에너지 흐름까지 설계

꾸준함을 즐겨라→습관은 단기 성과가 아니라 장기 성과를 만든다.

나쁜 습관 차단하는 방안

1) 트리거(유발 요인) 파악하기

나쁜 습관은 특정 상황, 감정, 환경에서 반복된다.

스트레스→폭식, 심심함→SNS 과다

원인을 먼저 알아야 대응할 수 있다.

2) 대체 행동 찾기

단순히 참는 건 오래 못 간다. 대신할 행동을 준비해야 한다. 담배 대신 껌 씹기, SNS 대신 짧은 산책하기

3) 환경 차단하기

나쁜 습관을 유발하는 환경을 줄이는 게 중요하다.
야식 줄이고 싶다면 집에 과자 두지 않기
집중하려면 휴대폰 다른 방에 두기

4) 점진적으로 줄이기

갑자기 끊으면 반동이 크다. 조금씩 줄여 가면서
뇌와 몸이 적응할 시간을 주는 게 효과적이다.

5) 주변의 도움과 공개 약속

친구, 가족에게 목표를 알리거나 커뮤니티에 기록하면
책임감이 생기고 쉽게 포기하지 않게 된다.

핵심은 유발 요인을 차단하고, 대체 습관으로 채우며, 혼자가 아니라 함께 관리하는 것이다.

5. 나의 습관과 자기관리 사례

나는 2가지 습관을 만들고자 했다. 담배 피우지 않기와 짜투리 시간 활용하기. 담배는 건강에도 좋지 않고 용돈을 삼키는 나쁜 습관이다. 군에 가서도 공짜 담배가 나왔지만 피우지 않았다.

하지 않는 것은 습관으로 만들기가 쉬웠다. 담배의 유혹이 없었던 것은 아니지만 나쁜 습관에 나를 물들게 하고 싶지 않았다. 문제는 좋은 습관을 갖는 것이 어려웠다.

나는 삼수생 출신에다 노력해도 남들보다 성과를 잘 못 내는 편이라 더 노력해야 한다고 생각했다. 그래서 하루 24시간을 25시간으로 만들기로 했다. 예를 들어 아침 일찍 일어나기, 차량 이동이나 기다리는 시간 등 짜투리 시간에 책을 보거나 영어 단어 외우기 등 시간을 적극 활용했다.

하루를 그렇게 하니 일주일이 그렇게 이어졌고, 일년이 지나니 많은 성과를 확인할 수 있었다. 내가 남들처럼 비슷하게 노력하고 탁월한 성과를 기대한다는 것은 불가능하다는 것을 알았기 때문이다.

나의 이런 습관과 노력은 앞으로도 이어질 것이라고 생각한다. 그런 습관이 생활이 됐고, 그렇게 하지 않으면 오히려 불안하고 불편하기 때문이다. 메모하고 다시 영어 공부하고 평생 노력하는 삶이 나를 바쁘게 한다. 이것이 이제 편하고 좋다. 내가 습관을 만들지만 습관은 나의 운명을 지배한다.

습관은 인생을 자동화한다.
작은 습관은 장기적으로 엄청난 차이를 만든다.
시간 관리와 함께 에너지 관리가 병행되어야 진정한 자기관리가 완성된다.
기록과 점검이 습관 유지의 열쇠다.
오늘 작은 습관 하나를 선택하고, 에너지를 지키는 루틴 하나를 실천하라. 그것이 당신의 인생을 서서히, 그러나 확실히 바꿀 것이다.

좋은 습관 만들기 예시

아침
기상 후 바로 물 한 잔(좋은 습관 시작)
휴대폰 확인 대신 가볍게 스트레칭(나쁜 습관 차단+대체 행동)
5분 독서 또는 감사 일기 작성(작게 시작하기)

낮
점심식사 후 산책 10분(환경 설계→건강 습관 강화)
스트레스 받을 때 간식 대신 물 마시기 또는 호흡 명상 (유발

요인 전환)

해야 할 일을 완료할 때마다 체크리스트 표시(기록 & 즉시 보상)

저녁

집에 오면 운동복 먼저 갈아입기(환경 차단 & 자동 트리거)

TV·스마트폰 대신 독서 10분 또는 대화 시간(대체 행동)

취침 전 하루 성과 기록 & 내일 할 일 간단히 메모(자기 피드백)

제8장
좋은 습관 만들기, 성공의 길

성공의 또 다른 키워드, 좋은 습관에는 어떤 것이 있을까?

그런 좋은 습관이 어떤 결과를 가져오기에 권하는 것인가?

나쁜 습관에는 어떤 것이 있을까?

나쁜 습관 또한 나쁘기만 하고 좋은 측면은 없는가?

나에게는 과연 어떤 습관이 있나? 그것은 좋은 것인가, 나쁜 것인가, 그 좋고 나쁨의 기준은 무엇일까?

과연 좋은 습관은 인생을 성공으로 유도하는가?

나도 모르게 만들어진 습관, 그 습관이 인생 성공과 직결된 것이라면 단절할 것은 단절하고 강화할 것은 강화해 보면 어떨까? 그럴 가치가 충분하기에 지면을 할애했다.

1. 좋은 습관이 인생 성공과 직결되는 이유 3가지

1) 의지력의 낭비를 막고 '자동 항법 장치'로 뇌를 자동화

인간의 의지력은 배터리처럼 소모되는 자원이라고 한다. 매 순간 "운동을 할까 말까?" "책을 읽을까 말까?"를 고민하면 뇌는 금방 지쳐 버린다.

그래서 습관의 힘이 필요하다. 습관이 형성되면 뇌는 에너지를 쓰지 않고도 그 일을 수행하게 되기 때문이다. 결과적으로 절약된 의지력을 더 창의적이고 중요한 의사 결정에 집중할 수 있게 된다는 이론이다.

2) '복리의 원리'가 적용되어 폭발적으로 성장

수학적 비유로 매일 어제보다 1%씩만 개선되어도, 1년 뒤에는 처음보다 약 37배 더 성장하게 된다고 한다.

당장은 차이가 없어 보이지만, 시간이 흐를수록 습관이 있는 사람과 없는 사람 사이에는 넘사벽 수준의 격차가 벌어진다는 것. 습관의 힘은 이미 성공한 사람들, 비즈니스맨, 전문인 등에 의해 확인되고 있어 앞으로도 계속 강조될 것이다.

인간이 습관을 만들지만 그 습관이 인간의 운명을 결정하게 되는 순환구조가 형성되기 때문이다.

3) 자기 통제감을 통해 '성공하는 자아상' 제조

성공에서 가장 중요한 것은 '나는 해낼 수 있다'는 자기 효능감과 자신감이다. 작은 승리, 아침에 이부자리를 정리하거나 계획한 시간에 일어나는 작은 습관을 지키면, 뇌는 스스로를 '약속을 지키는 사람'으로 인식하게 된다. 자신의 뇌를 자신이 훈련시킬 수 있다.

예를 들면, 기록이 기억을 지배하는 원리다. 집에 좋은 글, 기억할 만한 글을 전시하거나 걸어두고 수시로 보는 것이 도움이 된다. 나는 집에 이런 것을 두고 수시로 읽어 본다. 볼 때마다 나의 뇌를 새롭게 자동화한다.

(필자가 직접 쓴 가족에 대한 감사. 구체적 내용으로 기억화)

결과적으로 이러한 작은 성취감이 쌓여 단단한 자존감을 형성하고, 이는 인생의 큰 시련이나 도전에 직면했을 때 포기하지 않고 끝까지 밀고 나가는 원동력이 된다.

2. 좋은 습관은 왜 만들기 어려울까?

좋은 습관을 만드는 것이 유독 어렵게 느껴지는 이유는 단순한 '의지 부족' 때문이 아니라, 우리의 뇌와 심리가 작동하는 방식에 거대한 장애물이 있기 때문이라는 것이 뇌과학자들의 주장이다.

1) 뇌의 '에너지 절약' 본능 때문(현상 유지 편향)

우리 뇌는 생존을 위해 에너지를 아끼도록 설계되어 있다는 것. 새로운 습관을 만드는 것은 새로운 신경 경로(시냅스)를 구축하는 에너지가 많이 드는 작업이라고 한다.

뇌는 이미 익숙하고 편안한 '기존의 자동화된 경로(나쁜 습관이나 게으름)'를 따르려 하며, 변화를 '위협'이나 '스트레스'로 받아들여 거부하려는 쪽으로 작동한다는 것이다.

2) 즉각적 보상의 부재 때문(지연된 결과)

나쁜 습관은 즉각적인 즐거움을 주지만 좋은 습관은 결과가 나타나기까지 시간이 오래 걸리는 편이다.

인간의 뇌는 먼 미래의 보상보다 지금 당장의 작은 쾌락을 선택하도록 진화했다. 운동 직후 근육통은 당장 느껴지지만, 건강해진 몸은 몇 달 뒤에나 볼 수 있기 때문에 뇌가 동기를 잃기 쉽다고 한다.

3) 너무 크게 잡은 '초반 목표'(높은 진입 장벽)

처음부터 '매일 1시간 운동', '하루에 책 50페이지 읽기'처럼 거창한 목표를 세우면 우리 몸과 뇌는 금방 피로해진다.

뇌와 의지력의 다툼에서 초기 어려움이 큰 이유는 뇌는 익숙하지 않는 것에 거부감을 갖기 때문이다. 의지력이 충만한 첫 며칠은 가능하지만, 피곤하거나 기분이 안 좋은 날에는 그 높은 벽을 넘지 못해 포기하게 된다. 즉, 습관이 뇌에 각인되기도 전에 실패 경험부터 쌓이게 되는 것이다. 뇌는 안 하던 것은 도중 포기를 좋아한다고 한다.

4) 의지력에만 의존, 적합한 '환경 설정'의 부재

많은 사람이 자신의 '의지'만 믿고 주변 환경을 방치하는 것도 원인이 된다. 예를 들면, 스마트폰을 옆에 두고 공부를 하거나, 눈앞에 과자를 두고 다이어트를 하는 것은 의지력을 낭비하는 일이다.

환경이 바뀌지 않으면 뇌는 익숙한 단서(Cue)를 보고 예전 행동을 반복하게 된다는 것이다. 뇌는 익숙한 것을 반복하려는 경향이 있기 때문이다. 따라서 의지력만으로 뇌를 굴복시키는 데는 한계가 있어 적합한 환경도 동시에 조성, 뇌가 아예 단념하도록 차단하는 것도 하나의 방법이다.

5) '전부 아니면 전무(All or Nothing)' 사고방식

완벽주의적인 태도가 좋은 습관 형성을 방해하기도 한다. 어쩌다 하루 습관을 거르면 "이번에도 실패했네, 역시 난 안 돼" 하며 아예 전부를 포기한다. 습관은 '얼마나 완벽하게 하느냐'보다 '끊기지 않고 얼마나 자주 돌아오느냐'가 핵심이다.

한 번의 실수에 과도한 좌절감을 느껴 스스로를 포기하게 만드는 것은 큰 손실이다. 내 안의 또 다른 나, 뇌와의 투쟁은 도전할 가치가 있다. 결과가 기대에 못 미치더라도 노력한 만큼 자신을 격려하고 다시 새롭게 도전하는 마음가짐을 견지하여 뇌의 견제, 포기에 대응할 필요가 있지 않을까.

3. 나쁜 습관은 왜 만들기 쉬울까?

우리 인간의 본능과 뇌의 보상 체계가 나쁜 습관에 최적화되어 설계되어 있기 때문이라고 뇌과학자들은 주장한다. 그 내용을 보다 자세히 살펴보면 다음과 같다.

1) 즉각적인 도파민 분출(즉각적 보상)

나쁜 습관(자극적인 음식 섭취, 게임, SNS 등)은 실천하는 그 순간 뇌에서 쾌락 호르몬인 도파민을 즉시 분출된다. 뇌는 '지금 당장' 즐거움을 주는 행동을 생존에 유리하다고 착각하여 그 행동을 반복하도록 강력한 신호를 보낸다. 결과가 먼 미래에 나타나는 좋은 습관과 달리, 나쁜 습관은 보상이 실시간으로 나타나기 때문에 쉽게 빠져든다.

2) 에너지 소모가 적은 '낮은 진입 장벽'

나쁜 습관은 대부분 수동적이며 큰 노력이 필요하지 않다. 누워서 스마트폰 보기, 자극적인 음식 시켜 먹기 등은 의지력이나 신체적 에너지를 거의 쓰지 않아도 된다. 뇌는 에너지를 아끼려는 본능(최소 노력의 원칙)이 있어, 가장 힘이 안 드는 선택지인 나쁜 습관에 자연스럽게 끌려가게 한다.

결과적으로 나쁜 습관은 쉽게 물들고, 쉽게 끊을 수도 없는 상황으로 끌고 간다.

3) 스트레스에 대한 '즉각적인 도피처'

우리는 스트레스를 받을 때 본능적으로 가장 빠르고 쉬운 해결책을 찾게 된다. 술, 담배, 폭식 등은 근본적인 문제를 해결해주지 않지만, 일시적으로 뇌를 마비시키거나 스트레스를 잊게 만드는 '심리적 진통제' 역할은 한다. 뇌는 힘든 상황이 오면 가장 빨리 나를 달래주었던 그 나쁜 행동을 본능적으로 다시 찾게 만들기 때문이다.

결과적으로 이것을 뇌가 기억하고 그 상황이 오면 자연스레 반복하도록 명령, 습관화가 이루어지는 원리다.

4) 도발 신호(Trigger)가 도처에 널려 있는 환경

현대 사회의 환경은 나쁜 습관을 유도하는 '단서'들로 가득 차 있다. 더 편리해진 TV 리모컨, 스마트폰의 알림, 골목마다 있는 편의점 등 나쁜 습관을 유발하는 자극들이 우리 주변에 항상 배치돼 있다. 의식적으로 노력하지 않아도 주변 환경이 계속해서 나쁜 습관을 실행하라고 등을 떠미는 격이다.

결과적으로 환경은 뇌의 유혹에 쉽게 조성되어 언제든 나쁜 습관 반복이 가능하다. 반면 먼 시골이나 감옥 같은 곳에서는 뇌가 아예 엄두도 못 내는 환경을 먼저 인지한다. 그래서 인간을 환경의 동물로 규정한다.

5) 부정적 결과/효과의 '지연성'

나쁜 습관의 무서운 점은 그 대가/결과가 당장 나타나지 않는다는 것이다. 오늘 야식을 먹는다고 바로 비만이 되지 않고, 오늘 담배 한 개피를 더 피운다고 바로 건강이 악화되는 모습을 볼 수 없다.

'이번 한 번은 괜찮겠지'라는 안일한 생각이 반복되면서, 뇌는 그 행동이 위험하다는 사실을 망각하고 습관으로 고착화시킨다.

결과는 반드시 시간이 흐른 다음 나쁜 습관의 효과가 나타난다는 것. 항상 뒤늦게 후회, 한탄하는 이유가 된다.

4. 좋은 습관 10가지는 어떤 것인가?

내면을 다스리는 습관

1) 감정 다스리기

감정에 휘둘리지 않고 객관적으로 상황을 바라보는 연습이다. 화가 나거나 불안할 때 잠시 멈추는 '3초의 여유'만 가져도 잘못된 판단을 크게 줄일 수 있다. 누구나 알고 시도하지만 가장 콘트롤하기 어려운 것이 자신의 감정 다스리기다.

2) 긍정적 태도 유지하기

문제 상황에서 '왜 나에게 이런 일이?'라고 자책하기보다, '어떻게 하면 해결할 수 있을까?'라는 질문으로 사고를 전환하는 습관이다. 특히 어려운 여건에서도 희망적/긍정적 태도를 유지하는 것이 상황 극복에 도움이 된다.

3) 매일 감사 일기 쓰기

작은 것에서도 감사함을 찾으면 뇌의 회로가 긍정적으로 변한다. 이는 스트레스를 낮추고 장기적인 몰입력을 높여 준다. 일상의 사소한 것에서 감사하기는 표정과 감정, 태도를 긍정적으로 바꿔 주는 힘이 있다.

성장을 가속화하는 습관

4) 명확한 목표 설정과 시각화

막연한 노력이 아닌, 구체적인 목표를 글로 적고 이미 이루어진 모습을 상상한다. 뇌는 상상과 현실을 구분하지 못해 목표를 향한 동기 부여를 강하게 유발한다. 그래서 기록은 중요한 것이다.

5) 독서와 끊임없는 학습

성공한 사람들의 공통점은 '평생 공부'. 하루 30분이라도 책을 읽으며 타인의 지혜를 내 것으로 만드는 습관은 가장 가성비 좋은 투자다. 독서를 한 후 작은 것이라도 변화를 추구하는 것이 필요하다. 그것이 학습으로 이어지기 때문이다.

6) 우선순위 정하기/핵심에 집중

모든 일을 다 잘하려고 하면 제대로 못한다. 아침에 그날 가장 중요한 일(Must-do) 1~2가지만 정해서 먼저 처리하는 방식이다. 정해진 시간을 잘 활용하기 위해서 일의 우선순위를 정하는 것은 현명한 선택이다.

일상을 지탱하는 습관

7) 아침 루틴 만들기

하루 주도권을 내가 쥐는 시간의 시작이다. 명상, 독서, 운동 등 짧게라도 자신만을 위한 시간을 가지면 하루 전체의 생산성이 달라진다. 자신에게 가장 집중하고, 또 자신을 위해 투자하는 시간이다.

8) 규칙적인 운동과 건강 관리

체력은 정신력의 기초가 된다. 성공을 유지하기 위해서는 그것을 감당할 수 있는 몸이 뒷받침되어야 하기 때문이다. 건강을 위해 규칙적인 운동은 누구나 말은 하지만 실천은 쉽지 않다. 성공인은 당연한 것을 당연히 하는 사람이다.

9) 정리정돈하는 습관

주변 환경이 깔끔하면 집중력이 올라간다. 잠자리를 정리하거나 책상을 치우는 작은 행동이 자기 통제감을 높여 주며 기분도 상쾌하게 한다.

10) 즉시 실행하는 습관(5초 법칙)

생각이 많아지면 망설이게 된다. 할 일이 떠오르면 "5, 4, 3, 2, 1"을 세고 바로 몸을 움직인다. 완벽주의보다 일단 시작이 중요하다. 시작이 반이라고 하지 않는가.

"습관은 처음에는 거미줄 같지만, 나중에는 쇠사슬처럼 단단해진다"라는 말이 있다. 한꺼번에 10가지를 다 바꾸기보다는, 지금 당장 가장 끌리는 딱 한 가지부터 시작해 보는 건 어떨까?

5. 좋은 습관을 인생 성공으로 이끈 사례 분석

1) 벤자민 프랭클린 : '13가지 덕목' 체크리스트

미국 건국의 아버지이자 과학자인 그는 습관을 시스템으로 만든 선구자로 유명하다. 그는 핵심 습관 '13가지 덕목' 체크리스트를 만들어 매일 저녁 이를 실천했는지 수첩에 기록했다. 즉, 한 번에 모든 것을 잘하려 하지 않고, 매주 한 가지 덕목에 집중하는 방식을 택했다.

철저한 자기 성찰과 기록 습관을 통해 평범한 인쇄공에서 당대 최고의 박식가이자 정치인이 되었다. 처음 12가지 덕목에서 맨 나중에 13번째 겸손을 추가하는 식으로 습관화 덕목을 늘여 나갔다.

2) 스티븐 킹 : '매일 2,000단어 쓰기'

세계에서 가장 성공한 작가 중 한 명인 그는 영감이 떠오르길 기다리지 않는 것으로 유명하다. 그의 핵심 습관은 '매일 2,000

단어 쓰기'였다.

그는 크리스마스, 생일, 휴일 등 예외 없이 매일 아침 8시부터 수천 단어를 쓸 때까지 책상을 떠나지 않았다고 한다. 즉, "아마추어는 영감을 기다리고, 프로는 그냥 출근해서 일을 시작한다"는 철학을 가졌다. 그의 꾸준한 집필 습관이 쌓여 60권이 넘는 베스트셀러를 탄생시켰고, '글쓰기 근육'을 단단하게 만들었다는 것이다.

3) 워런 버핏 : '하루 500페이지 독서'

'투자의 귀재'로 불리는 그는 부의 원천(源泉)은 화려한 기술이 아닌 '지식의 복리(複利)'에 있다고 했다. 그의 핵심 습관은 '하루 500페이지 독서'로 알려졌다. 그는 깨어 있는 시간의 80%를 독서와 생각하기에 할애했다. 젊은 시절에는 매일 600~1,000페이지를 읽기도 했다. 지식은 이자처럼 쌓여 복리가 된다는 것을 몸소 증명했다.

그는 매일 꾸준히 정보를 습득하고 분석하는 습관 덕분에 남들이 보지 못하는 투자 가치를 발견할 수 있었다.

6. 나쁜 습관 10가지는 어떤 것인가?

1) 미루는 습관

인생의 기회는 타이밍이다. 나중으로 미루는 행위는 실행력을 갉아먹고 결국 아무것도 시작하지 못하게 만들기 때문이다. 신중한 것과 미루는 것은 구분돼야 한다.

2) 부정적인 자기 대화

'난 안 될 거야'라는 생각은 잠재의식을 지배하여 스스로를 한계 안에 가두고 도전 의욕을 꺾어 버린다. 본격 경쟁에 앞서 스스로 백기를 든 꼴로 누구도 도와줄 수도 구제해 줄 방법이 없다.

3) 남과의 비교

자신의 속도가 아닌 타인의 결과에만 집중하면 자존감이 낮아지고 불필요한 열등감과 불안에 빠지게 된다. 현재의 자신이 부족함을 인정하면 더 분발하게 된다. 인생은 비교에서 비참함과 교만함이 나오기 때문에 자신을 존중하는 것이 급선무다.

4) 완벽주의

완벽에 집착하면 시작조차 두려워하게 된다. '완벽함'보다 중요한 것은 다시 일어나 '완성'하고 '개선'하는 것이다. 자신을 책망할 필요는 없다. 다시 도전하는 의식이 중요하다.

5) 목표 없는 하루

계획 없이 하루를 보내는 것은 나침반 없이 항해하는 것과 같다. 에너지를 분산시켜 효율성을 떨어뜨리며 자신의 재능이나 시간을 낭비하게 된다. 하루의 시간을 함부로 보내면 인생을 소모하게 된다.

6) 실패에 대한 두려움

실패는 성장의 데이터다. 이를 두려워해 안전한 길만 선택하면 결코 큰 성취를 이룰 수 없다. 오늘날 성과를 낸 비즈니스맨, 전문가, 스포츠인, 예술인 대부분은 실패라는 과정을 건넌 성공인이라는 공통점이 있다.

7) 건강 관리 소홀

체력은 정신력을 지탱하는 기초다. 건강을 잃으면 아무리 좋은 아이디어나 의지도 실행할 에너지도 사라진다. 건강은 그냥 주어지는 것이 아니라 자신이 할 수 있는 데까지는 관리, 보강해야 한다.

8) 주변 환경 탓하기

문제의 원인을 외부에서만 찾으면 스스로 상황을 바꿀 수 있는 '자기통제권'을 포기하게 된다. 자신을 인생의 객체가 아닌 주체로 두는 사람은 주변 탓을 하지 않는다.

9) 배움을 멈추는 것

세상은 빠르게 변한다. 과거의 지식에 안주하는 순간 도태되며, 새로운 기회를 포착하는 눈이 어두워진다. 나이가 들어도 학습을 하는 것은 생존과 적응을 위해서다.

10) 나쁜 지출 습관

돈을 관리하지 못하면 경제적 자유는 멀어진다. 충동 구매는 미래의 자본을 현재의 찰나와 바꾸는 행위다. 돈에서 자유롭지 못하면 인생 성공을 논하기 어려워진다.

제9장
리스크 관리와 재도전 전략 &
자기 혁신과 성장

1. 리스크 관리 : 실패를 예방하고 대비하는 기술

1) 리스크의 개념

리스크란 성공 과정에서 마주할 수 있는 불확실성이다.

두려움 때문에 도전을 피하는 것이 아니라 예측, 준비, 대응으로 관리해야 한다.

2) 리스크 관리 3단계

예측 : 어떤 위험이 발생할 수 있는지 시나리오를 그려보라.

준비 : 만약을 대비한 대체 자원, 플랜B를 마련하라.

대응 : 위기가 닥쳤을 때 신속하고 유연하게 대처하라.

항공사는 항상 '비상 매뉴얼'을 훈련한다. 때론 무용지물일 수도 있지만 준비는 한다. 실제 위기 상황에서 당황하지 않고 대처

할 수 있는 힘은 '사전 리허설'에서 나온다.

실천 과제 : 지금 진행 중인 목표에서 발생할 수 있는 최악의 시나리오를 1개 적고, 이에 대비할 방법 1가지 정리하기.

2. 재도전 전략 : 실패 후 다시 일어서는 법

실패 후 재도전 3단계

인정하기 : 실패를 회피하거나 부정하지 말고 받아들여라. 외부 환경은 무시하고 자신에게서 원인을 찾는 것이 중요하다.

분석하기 : 실패의 원인을 '내 통제 가능한 요인 vs 불가항력 요인'으로 나누어 분석하라. 자신이 통제 가능한 요인에 집중하여 개선책을 마련하라.

재설계하기 : 같은 방식으로 다시 시도하지 말고, 교훈을 반영해 전략을 수정하라.

디즈니는 첫 번째 창업에서 파산했지만 캐릭터, 스토리, 비즈니스 모델을 재설계해 결국 세계적 엔터테인먼트 기업을 만들었다. 개인도 마찬가지다. 첫 도전부터 성공 스토리를 작성하기는 드물다. 위대한 성공, 기적 같은 성공 이야기는 공통적으로 실패를 극복했다는 점이다.

실천 과제 : 과거 실패했던 프로젝트 하나를 떠올리고, 지금 다시 한다면 어떻게 수정할지 3가지 방안 써보기.

3. 자기 혁신과 성장

1) 자기 혁신의 필요성

세상은 계속 변한다. 변화보다 빨리 배우고 적응하는 사람이 살아남는다. 혁신은 거대한 발명이 아니라, 내 삶에서 어제와 다른 선택을 하는 데서 시작된다. 자기 혁신은 평생 필요한 것이다.

2) 자기 혁신 방법

습관의 혁신 : 작은 습관을 바꾸는 것이 큰 변화로 이어진다.

관점의 혁신 : 문제를 다르게 바라보는 순간, 새로운 해결책이 열린다.

관계의 혁신 : 새로운 사람을 만나고, 다른 세계와 연결될 때 사고가 확장된다.

넷플릭스는 DVD 대여 서비스에서 멈추지 않고 '스트리밍 혁신'을 선택해 세계 1위 미디어 기업으로 성장했다.

실천 과제 : 오늘 하루, '어제와 다르게 해 볼 수 있는 작은 행동 1가지'를 선택하고 실천하기.

4. 평생학습(Lifelong Learning) : 끝없는 성장의 열쇠

지식의 반감기 : 지금의 기술과 지식은 몇 년 안에 무용지물이 될 수 있다. 평생학습자는 직업뿐 아니라 인생 전반에서 성장하는 사람이다.

평생학습의 3원칙

호기심 유지 : 항상 질문하고 탐구하는 자세

다양성 학습 : 전공 외의 다른 영역에서도 배움 이어가기

적용 중심 학습 : 배운 것을 곧바로 실행으로 연결하기

레오나르도 다빈치는 예술가이면서도 과학자, 발명가였다. 그의 위대함은 끊임없는 다방면 학습에서 비롯되었다.

조선 최고의 실학자로 손꼽히는 다산 정약용 선생도 천문, 과학, 인문학 등 다방면에서 저서 5백여 권을 남길 정도로 평생 자기 학습의 실천자였다.

실천 과제 : 이번 달 안에 전혀 새로운 분야의 책 한 권을 읽고, 거기서 배운 점 1가지를 일상에 적용하기.

5. 변화 적응력 vs 창조적 도전

1) 변화 적응력

변화에 따라 유연하게 대처하는 능력은 성공한 사람들의 공통점이다. 찰스 다윈은 생존을 위한 필수 조건으로 "환경에 가장 잘 적응하는 종이 살아남는다"고 했다. 이 말은 시대를 넘어 항상 진리가 아닌가.

2) 창조적 도전

단순히 변화를 '따라가는 것'을 넘어 변화를 '만드는 힘'으로, 새로운 시도를 통해 남들이 보지 못한 길을 개척한다.

적응은 필요조건, 창조는 충분조건이다.

아이폰은 스마트폰 시장에 적응한 결과물이 아니라, 아예 새로운 시장을 창조한 혁신이었다.

실천 과제 : 현재 내가 맞이한 변화 중 '수동적 적응'만 하고 있는 부분을 1개 적고, 그것을 '창조적 도전'으로 전환할 방법 생각해 보기.

6. 나의 리스크 관리와 학습, 도전

나는 리스크가 필요한 일은 되도록 30대에 끝내야 하고 40대에는 안정과 성장을 추구할 시기로 정리했다. 그래서 30대에 잘나가던 일간지 기자를 그만두고 박사과정에 도전했다.

박사과정 후에는 이런저런 사업에 손을 댔다가 모두 망했다. 교수 임용에 성공한 것은 41세였다. 긴 좌절과 실패, 32번 만에 거둔 승리였다. 40대부터 교수 생활을 하면서 방송에도 출연하는 등 리스크는 줄이고 다방면에 활동을 늘려 나갔다.

이 과정에 학습은 필수적이었다. 매년 한 권의 책을 출간한다는 목표를 세웠다. 전공 외에 '내 인생의 성공학'과 '현대 중동사회와 문화'라는 교양강좌에도 도전했다. 전공을 늘려 공부하는 즐거움이 있었다.

60대에 여유 시간을 갖게 되자 그동안 도전하고 싶었던 악기 배우기, 붓글씨, 노래 부르기에도 나섰다. 이와 함께 나이가 들면서 더욱 절실해진 것이 '성공학 다시 쓰기'를 하는 것이었다. 나이와 경험, 상황의 변화는 새로운 관점을 제시해 주었다.

마침내 유튜브 도전에도 나서게 됐다. 인생은 도전과 학습의 연속이다. 이런 도전이 내 삶을 보다 바쁘게 풍부하게 만들어 줘서 즐겁고 행복하다. 나의 도전, 학습이 멈출 때는 아마 내 한발이 무덤에 들어가 있을 때가 아닐까.

7. 리스크 관리 성공 사례 :
싸이, BTS, 김연아, 손흥민, 손정의

1) 싸이(PSY)-수차례 좌절 끝에 세계를 뒤흔든 '강남스타일'

① 초기 실패 : 비주류로 시작된 가수 생활

2001년 데뷔 앨범 'PSY from the PSYcho World!'는 파격적인 가사와 무대 퍼포먼스로 주목을 받았지만, 선정성 논란으로 방송 출연 정지, 음반 판매 부진이라는 큰 실패를 겪었고, 이후에도 '엽기 가수'로 낙인찍혀 가요계에서 인정받지 못했다. 군 복무 문제 논란까지 겹치며 연예인으로서 이미지 타격을 입었다.

분석 포인트 : 싸이의 초기 실패는 단순한 '재능 부족'이 아닌, 사회가 그의 독특한 개성을 받아들이지 못한 시대적 부조화의 결과였다.

② 전환점 : 실패를 자산으로 바꾸다

싸이는 좌절하지 않고 오히려 자신이 비주류라는 점을 '강점'으로 재해석했다. 남들이 하지 않는 익살스러운 춤, 유머 감각, 자기 풍자를 무기로 삼아 대중과 소통하기 시작했다. 또한, 음악적으로는 대중적 멜로디 감각과 풍자적 메시지를 결합해 '싸이다운 스타일'을 완성했다.

분석 포인트 : 그는 기존의 성공 공식(멋짐, 세련됨)을 따르지

않고, 실패로 드러난 자신의 개성을 브랜드화했다. 즉, 자신만의 캐릭터로 실패를 역이용한 경우다.

③ 성공 : '강남스타일'로 세계를 뒤흔들다

2012년에 발표한 '강남스타일'은 유튜브에서 폭발적 인기를 얻으며 세계 최초로 조회수 10억 회 돌파라는 기록을 세웠다. 싸이는 단순한 가수가 아닌 세계적인 문화 아이콘으로 주목받았다. 그리고 '엽기 가수'에서 '글로벌 K-pop 선구자'로 완전히 이미지 전환에 성공했다.

분석 포인트 : 싸이의 세계적 성공은 '한국적인 유머와 리듬'을 세계 보편 언어로 번역해 낸 결과다. 즉, 실패에서 얻은 자기 정체성 확립이 글로벌 성공의 핵심 동력이 된 것이다.

2) 방탄소년단(BTS)-작은 기획사에서 세계 무대로

① 배경 : 데뷔 당시 소속사 '빅히트'는 무명 중소 기획사였고, 초기엔 '아이돌 복제판'이라는 평가를 받았다. 방송 출연도 제한적이었고, 인지도 부족으로 한동안 고전했다.

② 전환점 : 꾸준히 음악성과 메시지를 발전시키며 SNS로 전 세계 팬들과 소통했다.

'피 땀 눈물', 'DNA', 'Dynamite' 등으로 글로벌 차트 정상에

오르며 K-pop을 대표하는 그룹으로 성장했다.

핵심 교훈 : "환경이 아니라 태도가 성공을 만든다."
진정성 있는 메시지와 꾸준함이 결국 세계의 마음을 열었다.

3) 김연아(피겨스케이팅)

① 성장 배경 : 1990년 경기도 부천에서 태어났다. 어린 시절부터 피겨를 배웠지만, 한국엔 빙상장도 부족했고 전문 코치나 지원 체계도 거의 없었다. 뿐만 아니라 '피겨는 돈이 많이 드는 운동'이라 어려움을 겪었으며, 고등학생 시절까지 새벽 훈련, 학교, 해외 원정 등 혹독한 루틴을 이어갔다.

실패와 역경 : 성장기 때부터 만성 허리 통증, 고관절 부상, 발목 부상에 시달렸으며, 당시 한국엔 피겨 전용 링크도, 세계 수준의 코치도 없었고, 국제무대에서 "한국 출신은 메달권이 아니다"라는 편견이 팽배했었다. 또한 2014 소치올림픽 은메달 때 '금메달 도둑' 논란이 일며 정신적으로 큰 타격을 입었다.

② 자기주도적 학습 : 코치진의 한계를 느끼며 스스로 영상 분석, 기술 공부, 프로그램 구상까지 직접 참여했다. 또한 식단, 체중, 루틴을 철저히 관리하며 '루틴화된 성실함'을 무기로 삼았다.

멘탈 회복력 : 불공정한 판정에도 불평보다 '완벽한 연기'로 인정받겠다는 태도를 유지했다.

지속적인 성장 : 기술뿐 아니라 '예술성과 표현력'을 키워 피겨의 문화적 수준까지 끌어올렸다.

③ 성취

2010 밴쿠버올림픽 금메달(세계 신기록 갱신)

2014 소치올림픽 은메달

세계선수권 2회 우승

'김연아 효과'로 국내 피겨스케이팅 저변 확대

IOC 선수위원 및 사회공헌 활동 다수

메시지 & 상징성 : 꾸준함과 자기 확신의 아이콘

"완벽보다 꾸준함이 더 중요하다."

김연아는 단순히 '금메달리스트'가 아니라, 열악한 환경에서도 스스로 길을 만든 자기 주도형 리더의 상징이다.

실패와 압박을 '성장 동력'으로 바꾸는 힘, 그리고 품격 있는 태도로 대중에게 신뢰를 줌.

4) 손흥민(축구)

① 성장 배경 : 1992년 강원도 춘천에서 태어났다. 축구선수 출신 아버지의 혹독한 훈련 아래 성장했으며, 초등학교 때부터

하루 6시간 이상 개인기 연습을 했다.

학업보다 '기술 완성도' 중심으로 훈련, 독일 함부르크 유스팀에 입단했다.

② 실패와 역경

언어, 문화, 장벽 : 16세에 독일 유학, 혼자 외국 생활을 하며 외로움과 적응 문제.

부상과 슬럼프 : 2014~2017년 부상으로 잦은 결장, 군 문제 등 심리적 부담.

비판과 비교 : 국가대표 경기 부진 때마다 여론의 집중 비판.

멘탈적 압박 : EPL(잉글랜드 프리미어 리그) 무대에서 아시아 선수로 살아남기 위한 끊임없는 증명 요구.

③ 극복 과정

자기관리 철저 : 식단, 수면, 체력, 멘탈 관리에 완벽주의적.

성실한 노력형 선수 : "하루를 쉬면 2~3일 뒤처진다"는 아버지의 철학을 실천.

리더십 변화 : 초반엔 감정적인 면이 있었지만, 이후엔 대표팀 주장으로 성장하며 팀 중심적 태도로 변화.

자기성찰 : 부진 후 인터뷰에서 책임을 회피하지 않고 "모든 건 내 탓이다"라는 솔직한 태도 유지.

④ 성취

토트넘 홋스퍼 주장, 아시아 선수 최초 EPL 득점왕(2021~22 시즌)

EPL 100골 돌파(아시아 선수 최초)

FIFA 푸스카스상 수상(2019년, 번리전 70m 단독 돌파골)

대한민국 국가대표 주장, 2022 카타르월드컵 16강 진출 주역

5) 손정의(일본 소프트뱅크 회장)

① 어린 시절 : 손정의 회장은 1957년 일본 사가현에서 재일 한국인 3세로 태어났다. 당시 일본 사회에서는 재일한국인에 대한 차별이 심해 학교에서는 인종 차별과 괴롭힘을 자주 겪었고, 가족은 가난하게 살았다. 하지만 손 회장은 이런 현실을 오히려 '공부로 극복하겠다'는 결심으로 바꾸었고, 어린 시절부터 경제신문을 읽고, 세상을 바꿀 '기술'에 관심을 두었다.

② 유학과 첫 번째 도전 : 16세 때 미국 유학을 결심하고 '세계를 보겠다'는 의지 하나로 캘리포니아로 건너갔다. 'UC버클리(캘리포니아대학교 버클리)'에서 경제학을 전공하면서 컴퓨터와 인공지능을 공부했다.

학생 시절, 그는 "어떻게 하면 짧은 시간에 큰 부를 이룰 수 있을까?"를 연구했고, 하루에 5분만 공부하고 55분은 아이디어를 생각하는 습관을 들였다.

③ 첫 성공 : 당시 발명한 전자번역기를 샤프(Sharp)에 약 1억 엔(약 100만 달러)에 팔면서 첫 부를 이뤘다.

④ 소프트뱅크 창업 : 일본으로 돌아와 1981년 '소프트뱅크(SoftBank)'를 창업했다. 초기에는 단 두 명의 직원으로 시작했지만, '정보 혁명으로 인류를 행복하게 하겠다'는 비전을 세웠다.

컴퓨터 소프트웨어 유통사업으로 시작해 빠르게 성장했지만, 주변에서는 "너무 이상적이다", "재일한국인이라 어렵다"는 편견이 끊이지 않았으나, 손 회장은 그때마다 철저한 계산과 확신으로 밀어붙였다.

⑤ 인생 최대의 위기 : 1990년대 후반, 인터넷의 미래를 예견하고 야후(Yahoo)에 투자했다. 이 투자로 엄청난 성공을 거두며 세계적인 부호가 되었으나 2000년 닷컴 버블 붕괴로 소프트뱅크 주가가 폭락하고, 시가총액 99%가 증발했다. 손정의는 한때 "전 재산을 잃었다"고 말할 정도로 위기에 처했으나, 그는 포기하지 않았다.

"주가가 떨어져도 내 비전은 떨어지지 않는다."

그는 다시 장기적 비전인 '정보 혁명'에 집중하고, 통신사업(소프트뱅크 모바일)으로 사업 구조를 재편했다.

⑥ 재도약 : 손 회장은 2000년대 초반, 중국의 젊은 기업가

마윈(알리바바 창업자)을 만나 단 5분 만에 2,000만 달러 투자를 결정했다. 훗날 이 투자는 약 1,000배(200억 달러 이상)의 수익으로 돌아왔다. 이후 영국의 반도체 기업 ARM 인수(2016년), 비전펀드(SoftBank Vision Fund) 설립 등으로 인공지능과 로봇, 자율주행 등 미래 산업에 집중했다.

⑦ 손정의 회장의 인생 철학 : "큰 비전을 품어라. 작은 계산에 얽매이면 큰 꿈을 이룰 수 없다."

"실패는 단지 다음 성공의 재료일 뿐이다."

"나는 바람이 아니라 태풍이 되고 싶다."

- 리스크 관리는 불확실성을 없애는 것이 아니라 대비하는 것
- 재도전 전략은 실패를 인정하고 분석하며, 교훈을 반영해 다시 도전하는 과정이다.
- 자기 혁신은 작은 습관, 관점, 관계의 변화에서 시작된다.
- 평생학습은 변화하는 세상에서 살아남고 성장하는 유일한 길이다. 변화 적응력은 생존을, 창조적 도전은 성공을 보장한다.

제10장
나만의 경쟁력 만들기

1. 나만의 경쟁력 만들기

1) 경쟁력의 정의

경쟁력이란 단순히 남보다 잘하는 능력이 아니라, 내가 아니면 할 수 없는 고유한 가치다. 남과 비교하는 경쟁에서 벗어나 자기만의 무기를 만드는 것이 핵심이다. 나는 무엇으로 나의 경쟁력을 만들 수 있을까. 자신의 재능과 취미, 집중력, 성격 등을 종합적으로 검토해 보아야 한다.

2) 경쟁력의 3요소

전문성 : 깊이 있는 지식과 기술

차별성 : 남과 다른 독창적 접근

지속성 : 꾸준히 유지·발전시킬 수 있는 힘

BTS는 뛰어난 노래 실력뿐 아니라, 스토리텔링과 팬과의 소통이라는 독창적 경쟁력을 통해 세계적 아티스트가 되었다. 페기 구(Peggy Gou))는 아시아 여성에게는 장벽이 높았던 DJ의 세계에 도전, 자신의 개성과 노력으로 한 계단씩 올라 세계적인 DJ가 됐다.

실천 과제 : '내가 남들과 다르게 잘할 수 있는 3가지'를 적고, 이를 경쟁력으로 발전시킬 방법 구체화하기.

2. 부와 가치 창출

1) 부의 개념 재정립

부(wealth)는 단순히 돈의 많고 적음이 아니라, 가치를 창출하는 능력이다. 돈은 결과물일 뿐, 핵심은 내가 제공하는 가치의 내용과 크기다.

2) 가치 창출의 원리

문제를 해결하면 돈이 따라온다. 재화를 만드는 것은 물론 가치 창출이다. 사람들의 눈길을 끌거나 즐겁게 할 수 있으면 무형의 가치 창출이 되는 것이며, 시장에서 필요한 가치를 제공하는 사람이 경제적 성공을 얻는다.

아마존은 '사람들이 편리하게 물건을 사고 싶다'는 문제를 해결했기에 세계적 부를 창출했다.

실천 과제 : '내가 사회나 직장에서 해결할 수 있는 문제'를 1개 적고, 그것을 해결할 수 있는 방법 찾아보기.

3. 경제적 성공과 돈의 철학

1) 경제적 성공의 의미

돈은 도구이지 목적이 아니다. 돈이란 도구를 어떻게 대하고 어떻게 사용하는가는 경제적 성공과 직결된다.

경제적 성공이란 돈을 통해 내 삶의 질을 높이고, 사회에 기여할 수 있는 힘을 갖는 것이다.

2) 돈의 철학

돈은 자유를 준다 : 원하는 선택을 할 수 있게 한다.

돈은 거울이다 : 내가 얼마나 세상에 가치를 제공했는지를 반영한다.

돈은 관계다 : 돈은 결국 '사람과의 신뢰와 교환'에서 발생한다.

워런 버핏은 세계 최고의 부자 중 한 사람이지만, 검소하게 살며 자신이 번 돈의 대부분을 사회에 환원한다. 그에게 돈은 '삶의 수단'이지 '목적'이 아니다.

실천 과제 : 나의 돈 사용 패턴을 돌아보고, '내가 돈을 어디에 쓰는지, 내가 어떤 가치를 중요시하는지' 적어 보기.

4. 일과 삶의 균형(Work-Life Balance)

1) 균형의 중요성

일만 하면 번아웃, 삶만 즐기면 성장이 정체될 수 있다. 균형은 단순히 시간을 50 : 50으로 나누는 것이 아니라, 일과 삶을 조화롭게 설계하는 것이다.

2) 균형을 만드는 방법

경계 설정 : 일과 휴식 시간을 명확히 구분하기

우선순위 정리 : 진짜 중요한 일에 집중하기

재충전 활동 : 운동, 독서, 가족과의 시간으로 에너지 채우기

구글은 직원들의 창의성과 성과를 위해 '20% 프로젝트'(업무 시간 중 20%를 개인 프로젝트에 사용)를 도입해, Gmail, AdSense 같은 혁신을 만들어 냈다.

실천 과제 : 이번 주 일정 중 '내 삶의 균형을 무너뜨리는 요소'를 1가지 제거하거나 줄여 보기.

5. 사회적 가치와 기여

1) 사회적 가치의 의미

진정한 성공은 나만의 성취를 넘어 다른 사람과 사회에 기여하는 것이다. 내가 만든 가치가 공동체에 선한 영향을 미칠 때, 그 성공은 오래간다.

2) 기여 방식

재능 기부 : 나의 전문성을 사회에 나누기

시간 기여 : 봉사, 멘토링 활동 참여하기

재정 기여 : 나눔과 기부 실천하기

빌 게이츠는 은퇴 후 '빌&멀린다 게이츠 재단'을 통해 전 세계 보건과 교육에 기여하고 있다. 그는 '세상에 환원하는 삶'을 선택했다.

실천 과제 : 이번 달 안에 '나의 작은 기여 1가지'를 실천하고, 그 경험을 기록하기.

6. 나의 사례

　나도 나만의 경쟁력을 위해 많은 고민을 했다. 아무리 찾아봐도 뾰족한 경쟁력이 없는 것 같았다. 삼수생에다 군대도 3년을 다녀왔으니 대학교 1학년만 6년을 한 셈이다. 의대를 다니는 것도 아니고, 이런 삶은 이미 망했다고 생각했다.

　그러나 인생에도 역전드라마가 있는데, 출발은 늦었지만 인생 뒤집기를 해 보자는 뜻은 늘 가슴에 품고 있었다. 그래서 직업이라도 제대로 된, 내 적성에 맞는 것을 찾아보자고 나선 것이 기자직이었다. 직업 책자에서 본 기자직에 필요한 세 가지가 나와 너무나 꼭 맞았기 때문이다.

　첫째, 전공 불문. 나는 당시 축산대학에 다녔기에 전공을 따지지 않는다니 반가웠다. 둘째, 머리는 좋지 않아도 되지만 부지런해야 한다. 이것 또한 나를 위한 말로 해석했다. 대학 입시 낙방 경험이 있는 나에게 큰 위로가 되는 말이었다. 부지런한 것을 따지면 나도 뒤처지지 않는다고 믿었다. 마지막 조건이 결정적이었다. 다른 과목은 성적이 나빠도 되지만 국어 성적은 우수해야 한다는 것이다. 심지어 언어의 마술사가 돼야 한다는 주장도 있었다. 다행히 나는 전 과목에서 국어만 눈에 띄게 성적이 좋았고, 나 역시 국어 과목에 자신감을 갖고 있었다. 나의 경쟁력을 기자에서 찾기로 마음먹었다.

　그러나 그 과정은 멀고 험했다. 시험에 떨어지고 연령 제한에

걸리고 결국 이스라엘, 영국으로 가는 긴 여정이 펼쳐졌다. 그래서 나의 기자 생활은 AP통신사에서 출발했다. 그 감격은 지금도 잊을 수 없다.

나는 일과 삶의 균형을 별로 생각하지 않았다. 왜냐하면 기자 일, 방송 출연, 저서 출간 등 일이 재미있었기 때문에 특별히 구분할 필요성을 느끼지 않았다. 다만 일 년에 한 번은 외할머니 외할아버지를 모시고 해외 가족여행 가는 것으로 만족했다.

또한 나는 대학교에서 여러 보직을 맡는 동안 사회적 기여 등에 대해 생각해 볼 틈이 없었다. 성공학을 강의하면서 처음으로 사회적 기여, 기부 활동 등에 대해 생각하게 되면서 내가 가장 소홀했던 부분으로 반성하고 작게나마 시작했다.

고향 울릉도에 가서 초중등 학생들에게 논술이나 영어를 가르치며 재능 기부하는 것이었다. 이와 함께 기부도 할 수 있다고 판단, 집사람과 의논 후 학교와 고향에 기부를 했다.

이제 좀 시간적 여유가 있어 울릉도 도동에 육지와 교육 격차가 큰 '영어 교육'을 보다 전문화·집중화하기 위해 'ELC(English Language Centre)'형의 국제교육원을 설립하려고 한다. 2028년 내 고향에도 공항이 생겨 공항 시대가 열릴 것에 대비하고 울릉도 후배들에게 양질의 영어 교육 서비스를 해 주고 싶기 때문이다. 이런 모델 케이스가 잘 작동되면 다른 도서 지방에도 이런 프로그램을 운영할 계획이다.

내가 소속된 사회에 내 전공이나 재능 기부로 도움을 줄 수 있다면 큰 보람이 아닐까. 나의 작은 도전이 더 많은 동업자, 동료들을 부를 수 있고, 누군가에게 도움이 된다면 이 역시 큰 기쁨이 될 것이다.

7. 자신의 경쟁력을 찾는 팁 10가지

1) 핵심 강점 분석

당신이 가장 잘하고, 가장 쉽게 성과를 내는 분야가 무엇인지 목록을 작성하고 구체적인 성공 사례 기록하기

2) 열정 확인

오랫동안 지치지 않고 몰입할 수 있으며, 단순히 '잘하는 것'을 넘어 진심으로 즐기는 일이 무엇인지 파악하기

3) 약점의 이면 보기

당신의 약점이나 단점이 특정 상황이나 맥락에서 고유한 강점으로 전환될 수 있는지 역으로 분석해 보기(완벽주의→높은 품질 기준)

4) 주변 피드백 수집

가족, 친구, 동료 등 가까운 사람들에게 "나의 가장 큰 장점이나 고유한 능력이 무엇이라고 생각하는가?"라고 솔직하게 질문해 보기

5) 성공 경험 패턴 분석

과거의 성공 사례들을 분석하여, 그 성공을 이끌어 낸 당신만의 고유한 방식, 사고방식, 해결 과정 찾아보기

6) 경력 외 활동 탐색

취미, 봉사활동, 동호회 등 직업과 무관한 활동에서 당신이 자발적으로 리더십을 발휘하거나 기여하는 방식 살펴보기

7) 지식의 교차점 찾기

당신이 가진 서로 다른 두 가지 이상의 전문 분야나 지식을 결합하여 새로운 시너지를 창출할 수 있는 지점 찾아보기(공학 지식+예술적 감각)

8) 경쟁자와 차별화

동종 업계나 유사 분야의 사람들과 자신을 비교하여, 그들과 근본적으로 다른 점이 무엇인지, 당신만이 제공할 수 있는 가치가 무엇인지 정의하기

9) 시간과 자원의 사용 기록

당신이 가장 많은 시간과 에너지, 돈을 투자하고 있는 분야 분석하기. 무의식적인 투자는 당신의 우선순위이자 경쟁력의 기반이 될 수 있다.

10) 역경 극복 경험 성찰

큰 어려움을 겪었을 때, 그 문제를 해결하기 위해 사용했던 당신만의 독특한 방식이나 정신력을 경쟁력으로 재해석하기

8. 자신의 경쟁력을 찾은 사람들 사례

1) 나영석(PD)

일상성 포착＋캐릭터 중심 연출, '느슨함' 속 공감대 형성.

자극적인 경쟁이나 드라마틱한 서사 대신, 출연진의 자연스러운 대화와 소소한 일상을 포착하는 연출 능력이 독보적이다. 출연진의 고유한 성격과 관계를 중심으로 프로그램을 구성하여 시청자에게 편안함과 대리만족을 제공하며, 수많은 히트 예능 프로그램을 제작하고 있다.

2) 워런 버핏(투자자/버크셔 해서웨이 CEO)

가치 투자 철학＋인내심과 도덕성, 장기적 안목과 신뢰 구축.

그는 단기적 이익을 쫓지 않고 기업의 내재 가치를 분석하는 일관된 '가치 투자' 철학을 고수했다. 또한, 검소하고 투명한 경영 방식과 재산의 대부분을 사회에 환원하는 기부 활동으로 '오마하의 현인'이라 불리며 투자자들에게 가장 신뢰받는 인물 중 한 사람이다.

3) 미셸 오바마(변호사, 전 영부인)

따뜻한 공감 능력＋진정성 있는 소통 롤모델로 공익적 활동.

명문대 출신 변호사로서의 지성과 전문성뿐만 아니라, 진심에서 우러나오는 공감 능력을 바탕으로 대중과 소통하고 있다. 영부인 시절부터 아동 비만 문제 해결(Let's Move) 등 공익 활동에 집중하며, 퇴임 후에도 자서전 집필과 강연을 통해 수많은 사람들에게 영감을 주는 롤모델로 높은 평가를 받고 있다.

- 나만의 경쟁력은 전문성·차별성·지속성에서 나온다.
- 돈은 목적이 아니라 가치 창출의 결과이자 삶의 도구다.
- 경제적 성공은 개인의 자유와 사회적 기여를 동시에 가능하게 한다.
- 일과 삶의 균형은 성공을 지속가능하게 만드는 조건이다.
- 진정한 성공은 사회와 연결될 때 완성된다.

제11장
나의 목표·비전 워크북 설계

성공의 법칙도 정의도 모두 알고 있다. 이제 실천만 남았는데, 그 실천이 어렵다. 자기관리와 도전, 재도전을 위해 자신을 항상 점검하고 결의를 다져야 한다. 어느 시점이 지나면 자신도 모르게 성공가도를 달리는 모습을 확인하게 된다. 40대 이후 달라지는 인생, 상상만 해도 즐겁다. 뭘 점검해야 할까?

1. 자기 점검 섹션

1) 자기 점검 섹션

① 나의 성공 정의

질문 : 나는 어떤 삶을 성공이라 생각하는가?

작성란 : 나에게 성공은 ___________________________________

활용법 : 매 장마다 되돌아보기, 하루 시작 전 확인

② 나의 성공/실패 패턴

성공 타입 체크 : 비전형/실행형/관계형/전문가형

실패 타입 체크 : 변명형/완벽주의형/단기쾌락형/방황형

내 성공 패턴 ＿＿＿＿＿＿＿＿＿＿＿＿＿＿＿＿＿＿＿

내 실패 패턴 ＿＿＿＿＿＿＿＿＿＿＿＿＿＿＿＿＿＿＿

강점 살리기 계획 ＿＿＿＿＿＿＿＿＿＿＿＿＿＿＿＿

약점 교정 계획 ＿＿＿＿＿＿＿＿＿＿＿＿＿＿＿＿＿

2. 10가지 성공 법칙 실천 체크리스트

오늘 실천 여부 (✓) 오늘 느낀 점

1) 자신을 존중하라

2) 실패와 시련을 받아들여라

3) 시간을 지켜라

4) 목표를 분명히 하라

5) 작은 습관을 매일 쌓아라

6) 끊임없이 배우고 성장하라

7) 사람을 소중히 대하라

8) 긍정적인 태도를 선택하라

9) 자기관리를 철저히 하라

10) 사회에 기여하라

활용법 : 매일/매주 체크, 점검, 개선

추가 : 한 달 후 변화 기록

3. SMART 목표 작성 섹션

① 장기 목표

목표 ____

기간 ____

달성 지표 ____

가치와 관련성 ____

② 단기 목표

1개월 단위 목표 3가지 작성

1. ____

2. ____

3. ____

③ 오늘의 행동 계획

오늘 실행할 1가지 행동 ________________________________

실행 시간 ____

④ 삶의 비전 선언문 작성

작성 가이드

나의 핵심 가치 3가지 ______________________________

내가 되고 싶은 모습 ________________________________

나의 비전 선언문(한 문장)

____

활용법 : 눈에 보이는 곳에 붙이고, 매일 아침 읽기

추가 : 주간/월간 점검 시 수정 가능

⑤ 피드백 & 점검 섹션

주간 점검

이번 주 가장 잘한 점 ______________________________

개선할 점 ____

다음 주 목표 ______________________________________

월간 점검

이번 달 SMART 목표 달성률 __________________________ %

나의 습관 변화 ____

비전 선언문에 따른 삶의 실천 점수 ________________ / 10

⑥ 워크북 활용 팁

매일 5~10분 투자해 체크리스트와 행동 계획 작성

매주 20분 자기 점검 및 목표 조정

매월 30분 장기 목표, 비전 선언문 점검 및 수정

성공 경험 기록 : 달성한 목표, 배운 점, 감사한 점 기록

인생에 공식도 정답도 없는 것, 인정한다. 그리고 인생은 예측 불가능하며 언제 어떤 유형의 역경이 나를 시험할지 알 수 없다. 그러나 평소 잘 훈련되고 자기관리에 능한 사람들, 성공 정의를 익히고 실천하기 위해 노력하는 사람들은 힘든 상황도 잘 넘기는 특징이 있다. 성공도 행복도 막연하지 않다. 내가 스스로 만든 구체적 개념이 나를 더욱 구체적 사고, 행동으로 연결시킨다. 이를 위해 자기관리, 자기점검, 자기반성은 필수다.

자기관리 · 자기점검 · 자기반성 체크리스트 10가지

1) 오늘 나의 목표는 무엇인가?

　하루를 시작하며 '구체적인 목표 1~2가지'를 적어 두었는가?

2) 시간 사용은 효율적이었는가?

중요한 일에 집중했는지, 쓸데없는 낭비가 많지는 않았는
지 체크

3) 신체 건강관리

규칙적인 수면, 운동, 식습관을 지켰는가?

4) 마음 건강관리

스트레스, 분노를 인식, 조절하고, 회복을 위한 시간을 가
졌는가?

5) 학습과 성장

오늘 새로운 것을 배우거나, 기존 지식을 확장했는가?

6) 관계 점검

가족, 친구, 동료와 긍정적인 소통을 했는가?
소홀하거나 미뤄 둔 관계는 없는가?

7) 가치와 방향 일치 여부

오늘의 선택과 행동이 내가 원하는 성공·행복의 개념과
일치하는가?

8) 자기 성찰 질문

오늘 후회되는 행동은 무엇인가?

다시 기회가 주어진다면 어떻게 달리할 수 있을까?

9) 감사 기록

오늘 감사한 일 3가지를 적었는가?

작은 행복을 인식했는가?

10) 내일을 위한 준비

미뤄진 과제나 불완전한 일을 정리했는가?

내일의 첫걸음을 준비했는가?

제12장
강호동, 박명수, 페기 구, 지드래곤, 승리
성공·실패 사례 분석

1. 강호동의 성공 요소 10가지 분석

1) 도전정신 : 익숙한 영역을 넘어선 선택

씨름 선수 은퇴 후 그는 안정적인 길 대신 예능 MC라는 새로운 무대에 도전했다. 성공은 종종 안전지대(Comfort Zone)를 벗어나는 용기에서 시작된다.

2) 강력한 체력과 에너지

선수 시절 다져진 체력은 방송에서도 무기가 되었으며, 특유의 큰 목소리, 파워풀한 제스처는 시청자에게 강렬한 인상을 주었다.

3) 학습과 적응 능력

초반에는 진행 실수도 많았지만, 선배 MC와 PD들의 조언을

겸허히 배우고 빠르게 흡수했다. 매회 방송이 끝나면 자기 피드백을 통해 개선했다.

4) 자신만의 캐릭터 구축

단순히 프로그램을 진행하는 게 아니라, '힘과 유머가 결합된 강호동식 캐릭터'를 만들었다. 차별화된 퍼스널 브랜딩은 성공의 핵심이다.

5) 열정과 성실함

프로그램 준비부터 녹화, 사후 관리까지 남들보다 더 철저히 임했다. 한 번 맡은 프로그램은 끝까지 책임지는 성실함으로 PD와 출연자들의 신뢰를 얻었다.

6) 탁월한 소통 능력

게스트와의 인터뷰에서 적극적으로 끌어주고, 리액션을 크게 해 주며 분위기를 살렸다. 시청자가 '함께 웃고 공감할 수 있는 진행자'로 자리매김했다.

7) 실패를 발판으로 삼는 태도

초창기 비판과 실패 경험에도 주저앉지 않고 이를 성장 자극제로 삼았다. 실패를 두려워하지 않는 회복탄력성이 큰 자산이 되었다.

8) 팀워크와 협력 능력

혼자 빛나는 것이 아니라, 출연진 모두가 돋보이도록 판을 깔아 주는 진행을 했다. '함께 잘 되는 리더십'이 그를 국민 MC로 만들었다.

9) 자기관리와 이미지 관리

체중 관리와 목소리 훈련, 방송 매너까지 꾸준히 자기관리를 했다. 이미지를 잃지 않으면서도 시대 흐름에 맞게 유연하게 변신했다.

10) 끊임없는 성장과 변화 추구

예능만이 아니라 드라마 출연, 다양한 프로그램 진행에 도전했다. 단순한 '힘센 MC'에서 국민적 친근감과 영향력을 가진 엔터테이너로 성장했다.

2. 개그맨 박명수의 성공 비결 10가지

성공학 관점에서 보면 박명수는 배울 점이 많다. 한국 같은 외모지상주의, 학벌지상주의에서 박명수는 그 반대의 실패 요인을 완벽히 갖췄다고 볼 수도 있다. 그러나 그의 근면성, 끝없는 도전정신, 비완벽주의, 2등정신 등으로 자신만의 성공 캐릭터를 만들었다. 장동건 같은 외모도 유재석 같은 친근함도 없는데 그는 어떻게 자신만의 성공의 영역을 구축했을까?

1) '호통'과 '샌드백'을 오가는 독보적 캐릭터

비난이나 독설 같은 '호통 개그'로 공격적인 이미지를 구축하는 동시에, 다른 출연자들의 거친 공격과 비난을 기가 막히게 받아내는 '샌드백' 역할을 소화하며 공수 교대가 자유로운 예능인으로 자리잡았다. 이 양면적인 역할 덕분에 비호감이 아닌 '호감형 독설가'로 인정받았다.

2) 끊임없는 '새로운 도전'과 '노력'

안주하지 않고 DJ, EDM 프로듀서, 유튜버(할명수) 등 새로운 분야에 꾸준히 도전했다. 특히 DJ 활동은 중학교 때부터의 꿈이었다고 밝힐 만큼 진정성을 가지고 단순히 방송 아이템을 넘어 본업으로 발전시키며 전문성을 갖추기 위해 노력했다.

3) '얕은 지식'을 활용한 순발력 있는 말실수 개그

자주 보여 주는 어눌한 어휘나 말실수는 때로는 계산된 듯한 순발력과 틈새 개그로 연결되어 큰 웃음을 만들어 낸다. 완벽하지 않은 모습이 오히려 인간적인 매력으로 다가와 시청자들의 호감을 샀다.

4) 핵심을 꿰뚫는 '명언 제조기'

방송에서 툭툭 던지는 '늦었다고 생각할 때가 진짜 너무 늦었다', '성공은 99%의 빽, 그리고 1%의 재능' 등 냉소적이지만 현실을 꿰뚫는 특유의 명언들로 대중의 공감을 얻고 화제를 만든다.

5) '안전우선주의'에 기반한 재테크 및 사업 수완

요식업 등의 사업을 할 때 자신의 이름만 내세우기보다 안정적인 프랜차이즈를 기반으로 실무를 익히는 '안전우선주의' 전략을 택했다. 직접 배달하는 등 근면한 자세로 사업 성공의 기반을 다졌다.

6) '불만' 속에 숨겨진 '성실함'과 '근성'

겉으로는 투덜대거나 불만을 표출하지만, 결국 주어진 미션이나 새로운 분야에 대해 누구보다 성실하게 임하고 포기하지 않는 근성을 보여 준다. 이러한 '겉바속촉(겉은 바삭, 속은 촉촉)' 같은 태도가 신뢰를 준다.

7) 'G-Park'이라는 음악적 정체성 확보

EDM DJ로서 G-Park이라는 부캐를 통해 자신만의 음악 세계를 구축했다. '바다의 왕자', '탈랄라' 등 자신만의 특징을 살린 곡들로 가수 활동을 이어왔고, EDM을 통해 젊은 세대와 소통하며 음악에 대한 애정을 이어가고 있다.

8) '따뜻한 속내'를 가진 인간적인 매력

겉으로는 틱틱거리거나 윽박지르지만, 실제로는 주변 사람들을 챙기는 따뜻한 속내가 동료 연예인들을 통해 알려지며 단순한 악역이 아닌 '츤데레' 캐릭터로 대중에게 각인되었다.

9) 시대를 읽는 '미디어 플랫폼 활용 능력'

기존 방송 활동 외에도 유튜브 채널 '할명수'를 성공적으로 운영하며 새로운 미디어 환경에 빠르게 적응했다. 젊은 층이 선호하는 콘텐츠와 포맷을 활용하며 세대를 아울러 소통하고 있다.

10) '2인자' 포지션의 행복과 안정감

스스로 '2인자' 포지션을 인정하고 받아들이며, 1인자가 받는 부담감과 경쟁에서 벗어나 오히려 장기간 안정적인 활동을 이어가고 있다. '2인자 명수는 행복하다'는 평가처럼 자신에게 맞는 위치에서 최대의 효과를 내는 전략이다.

이러한 비결들은 박명수 씨가 단순히 운이나 일회성 인기로 성공한 것이 아니라, 캐릭터 구축, 도전정신, 성실함, 그리고 시대의 흐름을 읽는 능력을 복합적으로 발휘했기 때문에 가능했다고 볼 수 있다.

박명수의 학력, 성격, 좌절 극복 비결

1) 학력 및 '솔직함'을 활용한 개그

    박명수 씨는 공항고등학교를 졸업하고, 이후 명지대학교 사회교육원에서 연극영화학을 공부했다(학점은행제를 통한 학사학위 취득). 한때 일부에서는 명지대학교 연극영화과로 잘못 알려지기도 했으나, 박명수 씨는 방송에서 자신의 학력을 직접 언급하며 "내가 내 학력 낮추겠다는데 왜 그러냐?"는 식의 개그로 승화시켰다. 학력 논란이 한창일 때도 자신의 상황을 숨기거나 미화하지 않고 솔직하게 드러내며, 오히려 대중에게 '역시 거성답다'는 호감과 인간적인 공감대를 얻었다.

2) 성격적 특성 : 냉소적인 'T' 속에 숨겨진 근성

    박명수 씨의 방송 캐릭터는 주로 짜증과 호통을 담당하지만, 실제 성격에는 프로페셔널한 면모와 인간적인 고뇌가 함께 존재한다. 그는 스스로 눈물이 없고 감정을 잘 드러내지 않는 '대문자 'T' 성향이라고 밝히며, "한계에 부딪혔다는 생각을 잘 안 한다. 올 테면 와 보라는 성격"이라고 말해 냉소적이지만 담담한 강인함을 보여 준다. 데뷔 후 32년 동안 일주일도 쉬지 않고 활동했다고 밝힐 만큼 놀라운 성실함과 근성을 지니고 있다. 쉬는 날도 나이트클럽

에서 DJ를 하며 꿈을 이어갔을 정도로, 겉으로는 투덜대
도 많은 일을 포기하지 않고 끈기 있게 해낸다.

3) 인간적 좌절과 극복 비결
화려한 방송 생활 이면에는 대인 관계 및 심리적인 어려
움도 있었다. 1993년 공채 개그맨 데뷔 후 긴 무명 시절을
보냈다. 이는 그가 호통 개그와는 상반되게 강자에게는 약
한 모습을 보이는 등 다소 쭈글한 면모를 가지게 된 배경
중 하나로 꼽히기도 한다.
박명수 씨는 공황장애를 겪었으며, 이 때문에 다른 사람
이 운전하는 차나 비행기 탑승을 어려워한다고 직접 밝힌
적이 있다. 한때 술로 버텼지만, 이후 명상 등을 통해 심
리적 어려움을 극복하려 노력했다. 이는 그의 솔직함과 함
께, 대중에게 힘든 시기를 겪고 이겨 내는 인간적인 모습
을 보여 주며 공감을 얻는 요소가 되었다.

4) '유쾌한 포기'의 재치
한계에 부딪혔을 때 "나 안 할래요"라고 포기를 선언했다
가 다시 복귀하는 모습 등은, 좌절 앞에서 너무 심각해지
지 않고 가볍게 털고 일어나는 유머러스한 극복 방식을 보
여 주며 그의 개그 코드가 되기도 했다.

3. 글로벌 스타 DJ 페기 구의 성공 비결 10가지

글로벌 DJ이자 프로듀서, 그리고 패션 아이콘으로 활약하는 페기 구(Peggy Gou)는 다양한 배경과 끊임없는 도전을 통해 자신만의 길을 개척했다. 특히 장벽이 높던 아시아 여성의 DJ 도전, 성역으로 여겨지던 사우디아라비아, 카타르, 두바이 등 중동 국가는 물론 유럽과 미국, 남미 등 전 세계를 휩쓰는 광폭 행보로 국내보다 해외에서 더 각광받는 그녀의 성공 비결 10가지를 정리했다.

1) 과감한 '커리어 전환'을 통한 진정한 열정 추구

한국에서 출생, 중학교까지 국내에서 학교와 학원을 오가며 평범한 학생이었던 페기. 자신의 취향, 재능이 한국 교육과 맞지 않음을 깨닫고 방황, 고민에 빠지자 부모님은 보다 자유로운 교육 풍토인 영국행을 결정했다.

영국 런던 패션스쿨(London College of Fashion)에서 패션을
전공했지만, 뒤늦게 음악에 대한 열정을 깨닫고 안정된 길을 버
리고 독일 베를린으로 이주했다. 이는 효율보다 효과를 따르는,
내 마음이 가는 곳을 향해 저돌적으로 달려가는 용기 있는 태도
에서 비롯되었다.

2) 성장과 배움의 기반, 언더그라운드 경험

베를린 이주 후, 레코드가게에서 아르바이트를 하며 음악적
'디깅(Digging)' 능력을 키우고 수많은 바이닐(Vinyl)을 접했다.
이는 그녀가 자신만의 음악 스타일을 구축하는 데 결정적인 밑
거름이 되었으며, 기초부터 다진 전문성을 의미한다.

3) 독창적이고 일관된 '음악적 정체성'

하우스, 미니멀 트렌스, 테크노 등 특정 장르를 관통하면서도
중독성 있는 멜로디와 독특한 그루브를 결합한 사운드를 만들
어 냈다. 여기에 한국어 가사를 활용하는 등 동양적 요소를 가
미하여 '페기 구' 스타일이라는 고유 영역을 확립했다.

4) 음악과 패션을 융합한 '토털 아티스트' 이미지

런던예술대학교(LCF)에서 쌓은 패션 지식과 감각을 DJ 활동
에 적극적으로 접목했다. 화려하고 개성 넘치는 스타일은 그녀
의 음악적 이미지를 시각적으로 완성하며, 단순한 DJ를 넘어

문화적 아이콘으로 자리매김하게 했다.

5) '시간은 우리의 친구가 아니다'라는 극도의 효율성

"Time is not our friend."라는 말을 자주 사용하며 시간 낭비를 극도로 경계한다. 스케줄 없는 날조차 하루를 꽉 채워 보내며, 게으름을 질색하는 근면함과 효율성을 바탕으로 짧은 시간 안에 많은 성과를 만들어 냈다.

6) 좌절과 실패를 인정하고 배우는 '단단한 자존감'

자존감이 낮아질 때조차 그 감정을 인정하고 받아들이며, 실패한 순간을 '가장 많이 배운 순간'으로 생각한다. 잊고 싶은 순간 없이 모든 경험을 자신의 일부로 여기는 태도는 그녀의 내면적 단단함을 보여 준다.

7) 빠른 판단과 추진력(소용돌이 에너지)

계획대로 되지 않거나 자신과 맞지 않는 일이라고 판단되면 빨리 포기하고 다음 일로 넘어가는 추진력이 있다. 해외 에이전트들이 그녀를 '태풍' 이미지로 저장할 만큼 강한 에너지를 바탕으로 저돌적인 실행력을 보여 준다.

8) 프로듀싱, 디제잉, 보컬을 모두 소화하는 '올라운더 능력'

단순히 DJ 플레이에 머물지 않고, 직접 곡을 작곡하고 프로듀싱하며, 자신의 목소리로 노래까지 불러 히트시켰다. 이는 그녀의 활동 스펙트럼을 넓히고 대중적인 인지도를 폭발적으로 높이는 결정적 계기가 되었다.

9) 글로벌 네트워크와 꾸준한 활동량

전 세계를 무대로 끊임없이 투어하고 활동하며, 세계적인 DJ 및 아티스트들과 교류하고 있다. 수많은 나라를 다니면서도 규칙적인 루틴을 지키려 노력하는 철저한 자기관리로 글로벌 스타로서의 지속적인 프로 생명력을 유지하고 있다.

10) 선구자로서의 '자부심'과 '목표 의식'

"한국 DJ 최초로 베르크하인(Berghain, 베를린의 전설적인 클럽)에서 플레이하고 싶다"는 목표를 언급하는 등, 한국인으로서의 정체성과 함께 글로벌 무대에서 최고가 되겠다는 강한 목표 의식이 그녀를 이끌었다.

글로벌 DJ 페기 구(Peggy Gou)의 주요 수상 실적과 시행착오 극복 비결

1) 포브스 '30세 이하 아시아에서 영향력 있는 리더' 선정

2019년 미국 경제전문지 포브스가 뽑은 '30세 이하 아시아에

서 영향력 있는 리더(30 Under 30)' 중 1인으로 선정.

2) 영국 AIM뮤직어워즈 수상

2018년 영국 AIM뮤직어워즈에서 그녀의 노래 '잊게 하네 (It Makes you forget)'가 '올해의 노래상' 수상.

3) BBC RADIO 댄스뮤직어워즈 수상

2024년 2월 영국 BBC RADIO 댄스뮤직어워즈에서 '올해의 댄스곡' 수상.

4) 기타 주요 후보 및 평가

브릿 어워즈(BRIT Awards) 후보 : 2024년 '올해의 인터내셔널 송' 부문 후보

BBC 라디오1 선정 2024년 가장 유망한 음악인 3위

더 비즈니스 오브 패션(BoF 500) 2019년 패션계에서 가장 영향력 있는 500인 리스트에 선정.

페기 구는 음악 활동을 위해 독일 베를린에 정착한 후 DJ로서 충분한 경험을 쌓는 데 5~6년이 걸리는 등 시행착오를 겪었다. 이러한 좌절과 어려움을 극복한 비결은 다음과 같다.

1) 실패와 좌절을 성장의 기회로 인식

새로운 도전 영역에서 수많은 실패와 실수를 경험했지만, 실패를 대면했을 때 오히려 자존감이 높아졌다고 한다. 그리고 실패를 더 완벽해질 수 있는 기회로 인식하면서 실패가 오히려 재미있게 느껴진다는 것이다.

2) 환경 변화를 통한 권태 극복

베를린에 대한 열정이 사라지고 권태로운 느낌에 사로잡힐 때 그 감정을 인정하고, 직업을 바꾸거나 환경을 바꾸거나 인간관계를 정리하는 일종의 전환이 필요하다고 느껴, 음악을 시작하기 전에 거주했던 영국으로 돌아가 시너지를 기대하며 새로운 시작을 했다.

3) '효율' 중심의 삶과 자기관리

"Time is not our friend."라고 자주 말하며 시간을 낭비하지 않으려 한다. 스케줄 없는 날도 하루를 꼭 채워 보낼 만큼 효율적이고 근면한 자세를 유지하고 있다. 그리고 과거에는 빨리 결과를 내고 싶은 마음에 건강을 놓치기도 했으나, 시행착오 끝에 맞는 운동법을 찾고 나서 무리한 스케줄 중 일부는 스스로 내려놓는 여유를 갖게 되었다.

4. 지드래곤과 승리의 성공·실패 사례 분석

1) 핵심 역량의 지속성

지드래곤 : 음악, 프로듀싱, 패션 등 창작 능력을 장기적으로 강화하며 자기 영역을 확고히 했다. 자신이 좋아하는 것에 집중하며 음악 자체를 사랑했다.

승리 : 예능, 사교, 사업 등 다방면으로 활동했지만 음악적 핵심 역량 자체는 상대적으로 약했다. 대신 사교, 사업 등 다른 영역으로 관심을 돌렸다.

2) 브랜드 정체성의 뚜렷함

지드래곤 : '예술성·독창성'이라는 명확한 세계관을 구축하여 자신의 컬러를 찾아 꾸준히 노력했다.

승리 : 밝고 친근한 이미지였지만, 장기 브랜드로 이어질 만큼 고유성이 강하지 않았다. 홀로서기 실패에 굴복, 돈벌이와 향락 등 다른 길을 찾아나서며 집중력이 떨어졌다.

3) 성향 차이 : 내향적 집중 vs 외향적 확장

지드래곤 : 작업 중심·내향적 이미지→스스로 리스크 노출을 최소화했다.

승리 : 사교적·외향적 성향→네트워크는 넓었지만 위험도 함께 증가했다. 그만큼 자신을 위험에 빠트렸다.

4) 인간관계의 안정성과 관리 능력

지드래곤 : 소수의 안정된 관계 유지→자신의 통제력을 높였다.

승리 : 사업 확장과 함께 다양한 인물들과 연결→검증되지 않은 관계까지 얽히며 위험 증가에 대한 경계가 부족했다.

5) 인간존중 · 상대 배려에 대한 대중적 인식 차이

지드래곤 : 전문가·협업자 존중 이미지가 꾸준히 언급됐다.

승리 : 친근하고 잘 챙기는 이미지도 있었으나, 논란 이후 대중 평가가 부정적으로 변화하는 데 제대로 대응하지 못했다.

6) 활동 범위의 전문성 및 통제력 차이

지드래곤 : 잘 아는 영역(음악, 패션) 중심으로 확장.

승리 : 외식, 클럽, 투자 등 비주력 분야 확장→관리 복잡도 증가, 관리 위험도도 높아져 자기관리 한계에 부딪혔다.

7) 평판 및 위기관리 능력

지드래곤 : 논란이 발생해도 소속사, 시스템과 함께 비교적 체계적으로 대응했다. 논란도 있었지만 악화시키지 않고 수습했다.

승리 : '버닝썬 사태'와 관련된 수사, 재판으로 인해 이미지 타격이 결정적이었다. 이 사건 이후 이미지도 평판도 나빠졌지만 개선 노력이나 반성의 목소리가 들리지 않았다.

8) 책임감의 발현 방식

지드래곤 : 리더, 프로듀서 역할로 팀 방향성에 책임을 지며 신뢰 구축에 꾸준히 노력했다.

승리 : 책임감은 있었으나 너무 많은 프로젝트를 동시에 운영해 관리 한계에 도달했다. 나쁜 뉴스가 끊이지 않았다.

9) 장기적 관계 vs 단기적 네트워크

지드래곤 : 오래된 스태프, 동료와 협업→신뢰 기반의 지속성을 강화했다.

승리 : 새로운 관계 형성이 잦아 장기적 신뢰보다는 기회 중심의 네트워크가 많았다. 대중과 멀어지며 신뢰, 인기마저 쇠퇴해갔다.

10) 선택의 누적 효과

지드래곤 : 리스크 낮은 선택과 창작 중심의 커리어 축적은 자신의 브랜드 가치를 상승시켰다. 하나하나의 선택이 지드래곤을 스타로 키웠다.

승리 : 단기 성과 중심의 선택이 장기적 리스크를 키우는 방향으로 누적됐다. 이미지와 경력에 큰 타격을 줬고, 그것이 이제 회복하기 힘든 상황이 된 것이 아닌가.

두 사람의 차이는 단순히 '운명'이 아니다. 자신의 성향과 취향,

인간관계 관리 방식, 브랜드 구축 전략, 전문성과 집중도, 평판 관리 능력이 결과를 결정했다. 변수가 없는 한 이런 극단화된 이미지는 더 강화될 것이다. 성공도 실패도 오랜 시간 누적된 결과라고 할 수 있다. 하루 한순간의 작은 선택이 결국 내일의 큰 차이를 가져오는 법. 타인의 성공과 실패도 가벼이 봐서는 안 된다. 자신의 노력과 결과도 마찬가지다.

제13장
멘토의 힘 & 실패 활용하기

1. 멘토·파트너·팀워크의 힘

1) 멘토의 역할

성공은 우연히 주어지지 않는다. 남모르는 노력과 시련을 거친 후 선물처럼 다가온다. 이 힘든 과정에서 멘토라는 존재는 큰 힘이 될 수 있다.

멘토란 경험의 지도자다. 멘토는 내가 가 보지 않은 길을 이미 걸어간 사람이다. 또한 거울과 나침반 역할도 한다. 멘토는 나의 강점과 약점을 비추고, 방향을 잡아 준다. 멘토는 도전의 촉진제 역할도 한다. 멘토의 한마디가 새로운 도전을 결심하게 만든다.

빌 게이츠는 워런 버핏을 멘토로 삼아 '돈 버는 법'이 아니라 '시간과 사람을 대하는 법'을 배웠다.

실천 과제 : 지금 내 삶에서 조언을 구할 수 있는 인물 1명을 적고, 이번 달 안에 만나보기.

2) 파트너십의 가치

성공은 혼자 하는 것 같지만 반드시 도움을 주는 사람 또는 집단이 있다. 서로의 부족함을 채우며 함께 성공의 역사를 만든다. 혼자 가진 50%와 또 다른 파트너 50%가 합쳐져 100%를 만든다.

파트너는 아이디어를 확장, 다른 배경과 시각이 창의성을 자극한다. 이는 지속 가능한 성장으로 이어진다. 혼자 하는 일은 금방 지치지만, 함께 하면 오래간다.

스티브 잡스와 스티브 워즈니악 : 한 명은 비전과 디자인, 한 명은 엔지니어링으로 애플의 시작을 만들었다.

3) 팀워크의 힘

협력은 곱셈 효과가 있다. 개인의 힘은 덧셈이지만, 팀의 힘은 곱셈이다. 그래서 각자의 역할 분담이 있고, 팀원 각자가 강점을 발휘할 때 성과가 극대화된다.

공유된 목표 : '내가 아닌 우리'의 목표가 있을 때 팀은 움직인다.

실천 과제 : 이번 주 내가 속한 팀(가족, 직장, 스터디)에서

‘내가 기여할 수 있는 역할 1가지’를 찾아 실행하기.

2. 위기와 실패 활용하기

“실패는 성공의 어머니다”라는 말은 진부해 보이지만, 여전히 진리다. 문제는 실패를 어떻게 활용하느냐다.

1) 실패로부터 배우는 법

사실 분리 : 실패 속에서 ‘내 잘못’과 ‘외부 요인’을 구분하라.

교훈 추출 : 이번 실패에서 얻은 핵심 교훈은 무엇인가?

행동 수정 : 배운 교훈을 다음 시도에 적용하라.

에디슨은 수천 번의 전구 실패 실험을 “실패가 아니라 작동하지 않는 방법을 발견한 것”이라고 말했다.

실천 과제 : 최근 실패한 경험 1가지를 기록하고, 거기서 얻을 수 있는 교훈 1줄로 요약하기.

2) 회복탄력성(Resilience) 키우기

정신적 근육의 회복탄력성은 타고나는 것이 아니라 훈련되는 힘이다. 이를 위해 위기를 ‘끝’이 아닌 ‘전환점’으로 바라보는 노력이 필요하다.

때로는 혼자 버티려 하지 말고 가족, 친구, 멘토의 도움을 받는 것도 필요하다. 혼자 극복하려 노력하지만 뜻대로 안될 때 도움을 요청하는 것도 용기다.

실패 후 바로 큰 도전이 아니라 작은 성취부터 하나씩 이뤄내는 과정이 필요하다. 이를 위해 인내심과 도전정신, 마인드셋은 필수다.

J. K. 롤링은 출판사 12곳에서 거절당했지만, 끝내『해리포터』로 세계적 성공을 거두었다. 그녀의 힘은 포기하지 않는 회복탄력성이었다.

실천 과제 : 오늘부터 1주일간 힘든 상황에서 "이 경험이 나를 단련시키고 있다"라는 문장을 스스로에게 1회 이상 말하기.

3. 나의 사례

나는 인제대학교에 들어가서 백낙환 박사(당시 총장)를 처음 만났다. 지금은 고인이 되었지만, 그는 내가 배울 점이 참으로 많은 훌륭한 멘토였다. 한 번도 그에게 직접 말한 적은 없지만 내 마음속에 멘토로 삼아 그의 가르침을 하나하나 새기며 나의 부족한 부분을 고치고 채워 나가기 시작했다.

내가 성공학에 눈을 뜨고 연구하게 된 것도 그의 도움 덕분이다. 인제대학교에 전국 최초로 '내 인생의 성공학' 강의를 교양과목으로 개설하여 학생들의 인기 과목이 된 것도 그의 지지와 배려 덕분이다. 각자 자신의 인생을 성공적으로 가꿔야 할 책임이 있다는 취지에서 개설한 과목이다. 특히 지방 대학생들에게 성공에 대한 개념, 인생의 도전에 대한 사례 중심의 강의는 좌절감에 빠졌던 학생들에게 새로운 시야를 열어 준 셈이다.

나는 기자가 되는 과정, 교수가 되는 과정 등이 순탄치 못했다. 실패회복력이 없으면 그대로 끝나는 상황이었다. 도전 또 도전하는 것 외에 다른 선택은 없었다. 그것이 회복탄력성을 키우는 데 큰 도움이 됐다. 그 순간 순간은 정말 괴롭지만 시간이 흐르고 보면 인생의 드라마적 요소로 둔갑한다. 인내하라. 역경이 오고 그 역경을 극복하는 데 큰 힘이 들지만 도전할 만한 가치가 있다.

4. 멘토의 힘, 국내외 사례

해외 사례

1) 소크라테스와 플라톤

멘토 : 소크라테스

멘티 : 플라톤

배경 : 고대 그리스 철학자 소크라테스는 '문답법(산파술)'으로 제자들에게 스스로 사고하고 진리를 탐구하는 법을 가르쳤다.

멘토의 힘 : 플라톤은 스승 소크라테스의 가르침을 바탕으로 철학적 사상을 체계화하고, '이데아론' 등 서양 철학의 기초를 세웠다.

영향 : 플라톤의 제자였던 아리스토텔레스까지 이어지는 사상적 전통은 오늘날 서양 사유 체계의 근간이 되었다. 즉, 소크라테스의 멘토링은 인류 철학사의 뿌리를 만든 셈이다.

2) 스티브 잡스와 마크 주커버그

멘토 : 스티브 잡스

멘티 : 마크 주커버그

배경 : 페이스북이 빠르게 성장하던 시기(2000년대 중반), 젊은 CEO였던 마크 주커버그는 경영과 리더십 면에서 많은

고민을 하고 있었다.

멘토의 힘 : 스티브 잡스는 그에게 '명확한 비전과 회사의 문화적 정체성' 세우기의 중요성을 강조했다.

영향 : 주커버그는 이후 잡스의 조언을 받아 '해커 문화'와 장기적 비전 중심의 경영 철학을 강화하며, 페이스북을 세계적인 기업으로 성장시켰다.

즉, 멘토의 짧은 조언이 한 창업가의 리더십과 기업 문화 형성에 결정적 영향을 준 사례다.

국내 사례

1) 정조(正祖)와 정약용(丁若鏞)

멘토 : 정조

멘티 : 정약용

배경 : 조선 후기의 개혁 군주 정조는 유능한 학자들을 발굴해 나라를 새롭게 만들고자 했다. 그중에서도 정약용은 정조가 특별히 신임한 핵심 인물이었다.

멘토의 힘 : 정조는 젊은 정약용에게 실학(實學)과 개혁 사상을 실천하는 역할을 맡기며, 자신의 이상정치를 함께 실현하도록 이끌었다.

영향 : 정약용은 정조의 지원 속에서 《목민심서》, 《경세유표》 등을 집필하며 조선 후기 실학의 정점을 이뤘다.

정조의 멘토링은 한 학자를 시대를 대표하는 개혁가로 성
장시킨 대표적 사례다.

2) 퇴계 이황(李滉)과 유성룡(柳成龍)
멘토 : 퇴계 이황
멘티 : 유성룡
배경 : 조선 중기 대학자 퇴계 이황은 성리학의 깊은 이치
를 후학들에게 전하며 도학(道學)의 전통을 세웠다.
멘토의 힘 : 그의 제자 유성룡은 스승의 철학적 기반 위에
현실 정치에 참여해, 임진왜란 때 국가 위기를 수습하는
핵심 인물이 되었다.
영향 : 유성룡은 《징비록》을 남기며 전쟁의 교훈을 후대에
전했고, 퇴계의 도학적 가르침이 실제 정치와 국방의 지혜
로 이어졌다. 즉, 학문적 멘토링이 국가적 위기 대응 능력
까지 키운 사례다.

멘토는 나의 길잡이, 파트너는 나의 보완자, 팀워크는 나의
증폭기다.

실패는 끝이 아니라 과정이다. 회복탄력성은 위기를 기회로
바꾸는 숨은 자산이다. 성공하는 사람은 실패를 두려워하지 않
고, 실패에서 배우며, 다시 일어난다.

'내 인생의 성공학' 집필을 마치며

'내 인생의 성공학'은 배우고 공부할 것이 많아서 좋다. 매일같이 다른 삶의 이야기, 성공과 실패의 사례는 늘 소재가 되고 동시에 나를 되돌아보게 한다.

배움과 성찰, 반성과 노력은 '내 인생의 성공학'의 요체다. 어제보다 오늘 조금 더 나아졌다면 나는 다행스럽게 생각한다. 감히 타인의 삶에 이래라 저래라 할 자격은 없다. 다만 나 같은 갈등과 고뇌의 길을 비슷하게 가는 사람들에게 작은 참고라도 되면 더 이상 바랄 것이 없다.

이제 책을 멀리하는 세상이다. 영상으로 소비하고 쇼츠(shorts)로 승부한다. 책이 어느덧 진부한 과거의 유물로 멀어지고 있지만, 여전히 '독서의 중요성'은 유효하다. 문해력, 논리력, 소통력도 독서가 최고의 스승 아닌가.

초기의 방황과 위기를 계속 이어가면 인생은 망하게 된다. 보란 듯이 딛고 일어서는 사람들은 나름 성공 공식을 만들어 실패를 디딤돌로 일어선 사람이다. 나도 한 번뿐인 내 인생을 '성공'으로 만들고 싶다는 소망이 있었다. 그 소망이 나의 구체적인 행동으로 연결됐다.

나는 감히 말한다. 인생의 50~60대 이후가 오면 누가 묻지 않아도 인생의 성공과 실패는 각자 가진 기준으로 평가한다고. 남의 평가 이전에 스스로 먼저 평가를 내릴 때 부끄럽지 않아야 하지 않느냐고.

따라서 먼저 성공을 막연한 개념으로 모호하게 만들지 마라. 나는 구체적인 성공 개념을 만들고 내 행동과 습관을 하나씩 고치고 개선하는 중이다. 마음먹기가 우선이고, 그에 따라 행동하기가 그다음이다. 결과는 모른다.

나는 성공학에 깊이 감사한다. 이 분야를 공부하지 않았다면 내가 잘못하고 있다는 것을 모르고 오만하게 살아갔을 것이기 때문이다. 뒤늦게라도 나를 다듬어 관계를 개선하고 타인을 존중하는 삶은 배움의 결과다. 앞으로도 나는 인간을 탐구하고 성공과 실패를 연구하며 선학도들의 연구를 배울 것이다. 그것이 나를 성장시키고 깨어 있게 즐겁게 하기 때문이다.

부족한 나를 믿고 출간에 도움 주시는 서용순 저술가, 사장님께 깊은 감사를 드린다. 훌륭한 서 사장님을 만나 좋은 인연을 이어오는 것도 인생 성공의 증거다.

나이가 들수록 가치가 더욱 높아지는 배우자 조애경의 헌신과 지지는 나의 힘이다. 적절한 조언과 지혜는 그 가치를 가늠할 수 없다. 아내의 가치를 뒤늦게라도 인정, 찬사를 보내는 것은 쑥스럽지만 사실이다.

멋지게 성장해 준 병준, 글로벌 스타로 잘나가는 폐기 구, 모두 나의 자부심의 원천이다. 성공가도를 달리는 것보다 역경이 오더라도 극복하는 노하우, 내공을 차곡차곡 쌓는 것은 미래를 위한 투자다.

혹시 이 책을 여기까지 보시는 분들에게 큰 행운이 함께하기를 빈다. 독서는 장소, 시기, 나이에 따라 달라지니 이 책을 또 다시 읽는 즐거움을 소중히 간직한다.

김창룡 교수

결국 해내는 사람들의 비밀

펴낸날	초판 1쇄 2026년 1월 22일

지은이	김창룡
펴낸이	서용순
펴낸곳	이지출판

출판등록	1997년 9월 10일
등록번호	제300-2005-156호
주소	03131 서울시 종로구 율곡로6길 36 월드오피스텔 903호
대표전화	02-743-7661 팩스 02-743-7621
이메일	easy7661@naver.com
디자인	김민정
인쇄	ICAN
물류	(주)비앤북스

ⓒ 2026 김창룡

값 14,000원

ISBN 979-11-5555-279-7   03320

※ 잘못 만들어진 책은 교환해 드립니다.

결국 ——————— 해내는 사람들의 비밀

내 삶을 성장시키는 10가지 성공 습관